Emerald Publishing Limited
Howard House, Wagon Lane, Bingley BD16 1WA, UK

First edition 2017

Reprints and permissions service
Contact: permissions@emeraldinsight.com

British Library Cataloguing in Publication Data
A catalogue record for this book is available from the British Library

ISBN: 978-1-78743-346-5 (Print)
ISBN: 978-1-78743-345-8 (Online)
ISBN: 978-1-78743-453-0 (Epub)

未来的企业大学

如何从价值和绩效驱动的组织发展中获益

[英] 理查德·迪尔特里 ◎ 著

理清 / 梁冰 ◎ 译

中国商业出版社

图书在版编目(CIP)数据

未来的企业大学：如何从价值和绩效驱动的组织发展中获益 /（英）理查德·迪尔特里（Richard.Dealtry）著；理清，梁冰译. -- 北京：中国商业出版社，2021.5

ISBN 978-7-5208-1601-4

Ⅰ.①未… Ⅱ.①理… ②理… ③梁… Ⅲ.①企业—职工大学—研究 Ⅳ.①G726.84

中国版本图书馆CIP数据核字（2021）第068516号

责任编辑：侯　静　杜　辉

中国商业出版社出版发行
010-63180647　www.c-cbook.com
（100053　北京广安门内报国寺1号）
新华书店经销
北京兰星球彩色印刷有限公司
*
787毫米×1092毫米　16开　15.5印张　234千字
2021年5月第1版　2021年5月第1次印刷
定价：88.00元
* * * *
（如有印装质量问题可调换）

推荐语

（推荐专家以姓氏拼音排序）

学习力，是一个企业向前发展的重要推动力，企业大学是学习力落地的机制保障。企业大学从单纯的培训职能，到深入承担企业发展赋能的重任，需要一系列的能力升级，更重要的是思维、视角的升级。《未来的企业大学》帮助我们跳开现状，去思考更宽阔的问题，立足未来重新思考当下，发人深省。

——安秋明　阿里巴巴集团资深专家，支付宝大学运营负责人

未来的企业竞争一定是人才的竞争，而人才竞争的关键就在于人才的快速培养。企业大学的建立和创新发展无疑会对企业核心竞争力的打造以及增强应对人才竞争的能力有极大的帮助。

——蔡元启　中国HRD俱乐部创始人

海尔人才平台原总监

韵达集团CHO

今天这个时代，每个人、每个组织都不得不参与一场学习的赛跑。企业大学日益在企业组织学习的核心竞争力构建中发挥关键作用，而目前企业大学更多的是实践而缺乏理论的总结。这本书提供了深入的思考与总结，对企业大学的实践者们是非常有价值的参考与启发。

——陈海燕　华为大学前执行校长

未来企业大学如何定位、如何重塑、如何创新，是每个CEO需要思考的问题！感谢理清、梁冰两位中国培训与学习领域的研究者与实践者，用心翻译了《未来的企业大学》一书，为我们提供了再造企业大学的重要思考工具！

——陈玮　北大汇丰商学院管理实践教授，创新创业主任

合益集团东北亚区前总裁

万科执行副总裁兼首席人力资源官

滴滴出行高级副总裁等

企业大学从1956年通用电气的克劳顿维尔领导力中心的创立开始，已经有60多年的历史。而我国从20世纪90年代末期开始出现企业大学，到今天已经是“千树万树梨花开”的景象了。期待由国际业界领先研究者所著和国内经验丰富的实践者翻译的此书能够就企业大学的未来给大家带来深度的思考和启迪！

——冯晓晋　领导梯队学院（中国）院长

企业大学百人会CLO100核心发起人

通用电气领导力中心中国原总监

著者是世界级的权威专家，译者是经验丰富的中国实践者，这本书为国内方兴未艾的企业大学建设与发展提供了全球视野和前瞻思维，非常有指导意义。

——高强　联想管理学院执行院长

企业大学是一个日益系统化的动态组织。国内的企业管理者，可以在企业大学学习及发展的诸多层面，将本书作为参考书，用于重新调整和升维需要学习的知识，以此来面对不断变化的挑战，并满足公司的未来结构及客户的具体需求。

——贾晶　中国企业大学联席会主席

原大唐大学校长

“企业大学”是一个持续发展、迭代演进的课题，值得探究、值得借鉴。掰

开“企业大学”四个字，其“企业”的属性是非常突出的，从而是十分个性化、差异化的。而“高等院校”属性，只能说是相对的，是和“高等院校”做“类比”的一种表达。把这两个词融合在一起，让学习行为为企业创造价值，是我们从业者的使命。译者在企业教育领域深耕多年，集前沿的思考和丰富的实践于一身，翻译出版《未来的企业大学》，令企业大学从业者们耳目一新，充满期待。这部全球企业大学与学院协会主席理查德·迪尔特里先生的扛鼎之作，分析问题鞭辟入里，案例研究深入细致，是值得从业者们精读的好书。

——李晓欣　招商银行总行培训中心副主任

企业大学对于企业构建高效组织系统、释放员工潜能等多个方面，都会发挥非常关键的作用和价值。国外在这方面积累了很多经验，如果这些研究和实践能够为国内企业转化和应用，结合中国企业的现实进行融合，必将对企业的人才发展起到重要的推动作用。

——梁家广　安踏企业大学校长

企业大学对于企业赋能员工、释放员工潜能、构建学习型组织，都发挥着关键的作用和价值。面对技术创新浪潮带来的新业态和不确定性，《未来的企业大学》提出的前沿理念和深度思考，将对企业如何面对全新的挑战有深刻的指导作用。

——柳江霞　Airbus空客中国领导力大学负责人

《未来的企业大学》汇聚全球专业权威的理论研究和探索，译者是具有国际化视野的中国企业大学践行者，我相信通过此书可以带领我们摸索出企业大学的运营规律，最终逐渐形成适应中国企业大学的发展模型。

——刘天尧　国药大学原总经理

这本书的很多理念和思考都比较前沿，很多概念和术语与中国企业的实践相比十分超前，需要认真研读、思考和领会。中国企业大学的实践日益丰富多彩，也需要在全球经济一体化的背景下，加强与世界各国的交流，兼收并蓄，共创共享，对标世界一流企业，培养更多更好的适应未来发展的人才。

——卢洋　湖畔大学副校长

以往企业大学的著作，很多都侧重于实践经验的分享和总结。这本书则是理论和实践相结合，既有美国、欧洲企业大学的一些案例研究，也对学习发展领域的深层理论做了体系化的阐述，特别是在企业大学的价值、企业学习策略等方面。对长期在企业大学一线工作的朋友，本书一定会引发很多系统和深度的思考。

——马永武　腾讯学院院长

《未来的企业大学》一书让我们可以更多地学习全球范围的先进经验，对提升对标世界的意识和思维非常重要。在企业动态学习和企业大学的建设方面有许多的启发，会令众多企业大学研究者和实践者受益匪浅。

——庞连生　老板大学校长

这是一个很好的选题。中国的企业大学走过了初创迷茫期和稳步发展期，正在步入一个新的时期——与企业共同迎接新的战略转型。许多企业大学管理者发现，面前的标杆越来越少，越来越多的路需要自己去探索。未来企业大学要建设成什么样子，成为一个热点话题。这本书能够给大家提供一个视角去思考和审视这个问题。

——史传珉　青岛啤酒管理学院院长助理

企业大学在国内外发展迅速，如何把握企业大学未来的发展趋势，让企业大学发挥更大作用和价值，学习全球范围的前沿理论和先进经验尤为重要。本书从面向未来的企业大学发展的关键问题和典型案例出发，全面展示了世界一流企业大学建设的最佳实践与发展趋势，对于企业大学的管理者和工作者来说，是非常值得一读的企业大学创建及运营指南。

——唐炎华　中国商用飞机公司商飞大学常务副校长

在高度不确定的环境下，能够预测未来的企业大学，是需要足够的智慧和勇气的。本书深入研究不同案例，总结了企业大学不变的核心规律，让大家感知到作者和译者的初心。本书也坦诚分享了“善变”的本意，努力打造一流的企业大学，国际视野、未来标准、中国故事三个元素是中国未来企业大学大势所趋。重新定位企业大学，聚焦核心能力：跨团队协同共赢、数字转型共生、复合型能力提升。企业大学的业务与培训负责人应深入思考，创新突破，坚实地迈向未来，重点打造组织未来适应能力。

——涂益华　阿斯利康大学校长

企业大学需要为企业创造价值，推动创新变革。这就需要企业大学既能仰望星空，具有前瞻性的智库作用，又能脚踏实地，手握知行合一的方法工具 。

——王昆　中化创新管理学院院长助理

伴随着5G时代的到来，在线课程、直播、VR等技术广泛应用，学习无处不在、无时不在，企业大学在不断拓展延伸培训的方式和方法。伴随着大数据、人工智能等技术的发展，使得定制化学习成为可能，学习体验和学习效率得以大幅提升。互动式、社区式学习平台，人人都是分享者，人人都是学习者，知识和智慧进入共创和共享阶段。开启《未来的企业大学》，开启数智化企业大学全新未来。

——王顺捷　京东零售学院院长

中国企业人才发展智库高级研究员

中关村人才发展协会培训委员会主席

当今商业竞争模式的迭代越来越快，组织与个人的学习力快速提升变得愈加迫切，毕竟人才战略的成败决定了企业战略的成败。企业大学的存在，在这个格局中，越来越显示出其战略意义。本书将给那些为了组织能力提升而绞尽脑汁的企业大学实践者带来丰富的案例及前瞻思考，感谢译者，让我们一起践行。

——魏梅　吉利控股集团执行副总裁，企业大学校长每家企业大学的创立缘由各异，如有相同，那必定是寄望于企业的未来。《未来的企业大学》针对企业大学发展的关键问题，以大量的实证研究，揭示企业大学战略潜力，辅以需求导向的学习优化及实际案例，列举评估手法和模式管理，对中国企业大学的发展必有借鉴。

——许芳　TCL大学执行校长

这本书的出版，将会助力国内企业有效解除构建企业大学过程中的种种困惑和障碍，并为开启高效、系统的管理方式而打下基础，共同预见和创建企业大学的未来。

——赵继德　万华大学执行校长

“企业发展，人才先行！”企业大学作为企业系统性、长期性培养企业所需人才的培训机构，对企业可持续高质量发展的重要性不言而喻。《未来的企业大学》全面系统地介绍了企业大学的构建，既有深入的理论分析，又有丰富的实践案例，为企业大学的组建、发展和创新提供了非常好的参考和借鉴。

—— 章国强　中广核大学（党校）原常务副校长

《未来的企业大学》，这是一本关于如何办好企业大学的专业化书籍，其中的理念都比较先进，包含很多超前的概念和专业术语。此书提供了如何办好企业大学的一些具体思路和模式，值得企业中的培训同行认真研读、思考和领会。

——朱彩虹　建行大学领导力教研部副主任

译者序

引领未来企业大学建设 助力企业培养未来人才

随着中国经济的崛起，人才作为企业最重要的核心竞争力，日益成为企业制胜的战略资源。尤其是在新经济时代，以知识创新为引领的企业更加需要培养面向未来的人才。

近年来，中国的企业大学创建得越来越多，为企业的人才培养做出了重大贡献。一些著名企业大学的实践成果对众多企业的人才培养有很好的学习和借鉴意义。由于中国企业大学开展的时间尚短，在经验和理论研究方面仍有待提升。

为了更充分地了解国际上的先进经验和前沿理论，我们特翻译了《未来的企业大学》一书，对企业大学的现状和未来、理论与实践进行了全面而深刻的研究和分析，并对企业大学的定位、价值进行了深化和升级。

本书的主要作者理查德·迪尔特里所领导的全球企业大学与学院协会吸引了世界各国众多组织的参与，且在企业大学领域成为领导者。本书对创建及运营企业大学的内外环境及各项要素进行了深入的分析和专业严谨的论证，为企业人才发展打开了通往更广阔世界的学习之门。

作者经过多年的研究和积淀，总结全球各行各业企业大学发展模式，并不断地进行创新和变革，使其处于领先地位，研究和探索出多种最佳模型，提出很多建设性的前沿理念，对世界范围内的企业大学建设具有引领作用。

现就本书的十大看点进行解读，以便读者更加清晰地理解和体悟本书的精要。

1. 战略目标与学习发展协同

战略要定义“学什么”，企业大学要解决“如何学”，企业大学需要满足新的知识和学习的要求，进而满足自身的发展需要，以确定企业想要成功必须具备的组织能力，以及需要如何学习这些知识和能力，从而支撑战略目标的实现。

2. 企业大学发展融合的主要思想领域

企业大学的发展应该融合很多经典的思想领域和新型的思维模式，结合时代的发展进行不断的创新和迭代，传承与创新并举，螺旋式发展与成长。

3. 打造学习型领导者

每个领导者都应该是持之以恒的学习者，只有在变革中不断学习，才能成为具有坚定强大的信念、科学理性的决策的领导者。企业大学所创建的学习系统，能够帮助领导者战胜群体迷思，激发更多的团队智慧。

4. 有悟性的学习者：从个人学习到团队学习

如何成为一名高效的自我导向型学习者，是每个人一生中可能面临的最大的智力和心理挑战。获得学会学习的能力，并对团队成员的学习效率和效果负责，能帮助领导者走上释放潜能之路。

5. 重新定义“动态学习”

学习目标和成果正在更加实时化的“动态学习”的背景下重新定义。通过分享和体验式学习来掌握商业世界的复杂性，在内部和外部环境中保持理性分析和思考，建构可持续的敏锐性和智慧的判断力。

6. 制约企业未来成功的最大因素

未来企业增长的限制因素是，具备合适技能的合适人才和具有可转移的全球技术技能人才的短缺，特别是在一些新兴市场。最重要的事项包括发挥人才作用，以及进行更多跨国市场的人才招聘和培养行动。因此，更加需要放眼世界，积极融入全球经济一体化的浪潮并奋勇争先。

7. 企业大学如何加强学习效能的管理

推动企业大学理念引入组织是非常重要的战略力量之一，需要加快新型学习、知识获取和知识运用的步伐，这既是与时俱进的策略，又是企业战略目标推进的引擎。

8. 创建实时企业大学

通过体验仿真学习模式，经理人将每天能够在实时生态系统中更客观、理性和迅速地管理变化和发展。采用心理仿真流程以及企业大学的思维干预方法将对经理人产生重要的作用，促使他们实现较高意识水平，从而在实时商业发展过程中评估和发展他们的能力和绩效。

9. 通过实践学习过程开发领导力

怎样才能学会做一个高成就的领导者，这是所有人才发展的核心问题。研究和推动主动学习方法的设计和执行的方法与工具，以便能够更加有效地开发领导力。因此，目标是通过促进实时学习和实践的过程让更加广泛的领导层集体释放更多的潜能并形成高成就能力。

10. 企业大学动态学习项目设计的要素

将核心学习技术和实践结合起来，打造丰富且有特色的技术和竞争力，形成巨大的领先优势，创造出无法复制的高价值产品，并提升进入国际市场的开拓能力和资源整合能力。

本书以上的研究和预见，无论是在当下企业的现实，还是创建面向未来的企业大学以及培育企业未来人才，都是值得我们深入学习和践行的，并在不断的反思中得到发展和优化。

无论对准备创建或者正在运营企业大学的您，还是在广泛意义的人才发展和学习型组织建设等方面，都可以从这书中获得借鉴和启发。

“学然后知不足，教然后知困。知不足，然后能自反也；知困，然后能自强也。故曰：教学相长也。”这段名言出自《学记》。《学记》是中国和世界上最早的专门论述教育和教学问题的著作。

作为学习发展人士，我们要融汇中西，深思学理，从知到行，把最有价值、最美好的学习奉献给学员。

诚挚地感谢全国多家著名企业大学校长的隆重推荐，从各位专家的真知灼见中获益匪浅。愿与各位业界同人共同研究与践行，共创中国企业大学的未来，让更多的中国力量影响世界。

对标世界一流理论实践，打造企业大学中国样本。

发现未见！学习未知！共创未来！

以此共勉，砥砺前行。

理清　梁冰

2020年12月于北京

致谢

本书构思已久。长期以来，我都在探究企业大学发展这一重要课题，对企业大学管理模式进行不断的变革，使其处于领先地位。有幸能够借助一些最佳模型，来帮助我勾勒并呈现出高度动态变化的管理过程的未来。

本书中的许多评论和数据源自全球各行各业的人与公司，他们在组织中遇到了挑战，但也在各自的组织中因为企业大学的变革而获得了益处。

我要感谢我的员工和其他很多人，他们为本书做出了很大的贡献，特别要感谢的是Keith Howard，他是Emerald集团的董事长，也是EC欧洲企业大学最佳跨国实践网（ECUANET）项目的赞助商。这一项目对重新调整企业大学思维模式，并在完善组织的过程中起到了助推作用。

［英］理查德·迪尔特里
（Richard Dealtry）

引 言

实时进程

每一所成功的企业大学（学院）由于其时间、优先级、规模、形态以及竞争地位性质的变化，从而有了很大差异。本书的内容是关于如何成功管理这些差异，并以此确定且实现企业大学实时进程的成功模式。展望未来的管理者和学者对此会特别感兴趣。

笔者不会为使用“企业大学”一词而抱有歉意，因为它是一个综合术语，跨越了企业界和学术界的界限。企业大学抓住了上班族的本质，通过其在公司发展或维护公司活动中的应用来创造出新知识。

企业大学是一个不断变化的范畴，提高了一系列管理问题和不同学科的高度场景意识。如果在今天或未来的某一天能够取得成功，表明企业大学对所有管理层来说是一个重要的新方法。

本书首先回顾了企业大学发展过程中的许多不同和重叠的方面。现在企业大学正处于其下一个发展阶段的顶峰，这主要是由于影响各个组织部门的发展技术发生了变化。这些变化开始于很多年前，经过多次重叠发展后，逐渐演变成今天的样子。本书逐步说明这些发展是如何随着时间的推移变成了现在的样子，并成为新的开始。

下一个发展阶段对每个人来说都是一个重要的系统步骤，并且将涉及许多人，包括高层管理干部及所有管理人员和学者，在具体情况下将实时讲授管理实践和理论，这一过程适用于所有相关人员。

企业大学过程设计以经验为基础，并且涉及公司活动的每个角落。你准备好应对这些变化了吗？

起点

专业化管理的企业大学是整个组织在当下及未来共同努力的方向。首先要清晰地说明你现在所处的位置、你具备的物质资源和你的员工的工作知识和能力。本书提出了与所有企业单位的规模、形态和经济有关的问题，以及如何对其进行管理。

本书四个部分的介绍定义了笔者在大部分实践过程中积累的知识和经验。在此期间，变化的影响在章节中显而易见，逐步介绍了到目前为止随着企业大学的发展而发生的一系列学习事件。书中可以看到新的学习过程中的重现和进展，笔者有意为读者呈现出逐步获取过程的动态和变化性质及其对实时管理实践产生的影响。

笔者从与未来企业大学专业管理有关的一些引导性问题开始撰写本书。

- 企业大学的定义是什么？
- 是否有必要使用“企业大学”这个术语？
- 企业大学是否仅适合大公司？
- 什么类型的公司创建了企业大学？
- 企业大学在哪里？
- 企业大学是否像传统的学术大学？
- 企业大学是否涉及每个人，谁起带头作用？
- 你认为我们是否能够从企业大学中受益？
- 谁负责企业大学的发展和管理？
- 向参与者提供哪些计划和奖励，并且在公司外部是否有价值？
- 我们是否需要与大学和商学院结成联盟？
- 我们的员工和管理人员是否有时间做这件事？

- 需要花费多少成本？投资回收率/投资回报率分别是多少？
- 能否在全球范围内运作？

你可以代表贵公司为这些问题提供一些答案。

你会发现，你无法立刻知道这些问题的所有答案，你正处于学习曲线的起点，但是你现在有机会找到答案。

继续前进并开始实施——文化和方向变化

知识挑战和发展过程的专业经验告诉我们，这是一个非常多变的体验，你需要不断提出新想法和工作方法，且需要确定想要寻求这些变化的人。经验表明，由于每家公司的起点不同，你还必须确定是否在任何情况下都是如此。从员工的角度出发，确定公共发展是成功的开始，也是成功干预的关键，让人们更加了解整个公司变化的性质和规模。

多年来，随着经济发展和重点技术在很多国家跨越国界的变化，企业大学也在不断发生变化。

本书旨在告诉和帮助管理人员了解这些在其职业生涯中将会面临的变化以及新的就业机会。企业大学是一个日益系统化的动态环境。在企业大学学习及发展的不同方面，可以将本书作为参考。需要学习的知识必须重新调整和发展，以此来面对不断变化的挑战，并且满足公司未来结构及客户的具体需求。

为什么用“企业大学”的术语?

“企业大学”是一个多变的术语，对公司业务实践和流程进行学习及深入跟踪是实现其目标的关键。但是，企业大学是在不断发展的。其重点是帮助和指导各个级别所有有意愿的员工，在特定业务实时活动中创造出新的专业技能。如果这还不够，那么其发展必须与提升公司价值联系起来，而其成功的关键取决于高层管理人员在这整个过程中所做出的承诺。我希望读者在深入阅读本书时，能清醒地意识到这一点。

多年来，由于形象、内容和能力的变化，“企业大学”名称也发生了很大变化。随着其结构、专业知识和相关业务技术的日益增加，其角色和预期能力也在不断发展。但是，中心主题是员工的能力发展、智力发展和更多参与企业及未来管理的机会。

因此，企业大学是一个灵活且充满活力的实体，随着管理层和公司需求的变化而不断变化。在本书中，你将会看到相关的发展信息，可以确保目标变化。本书将为你介绍其 基本发展过程以及引入一组实时管理业务的变化动态，所以，你要做好在职业生涯中学习和再学习的准备。这是一个激动人心的职业挑战，并且将可能会影响到你或你的同事。

本书的结构（包括四部分）

本书向你介绍表现和价值管理的主要领域。

◇ 第一部分：管理研究报告

◇ 第二部分：考虑设计因素

◇ 第三部分：回顾战略考虑因素

◇ 第四部分：加强实践管理

这些标题引导你认识主要商业领域，如果你想在企业大学取得成功，那么你必须正确认识这些领域。你将面临管理新时代，在这个时代，持续改进在所有业务方面都显而易见。这种持续进展基于个人和群体的新的学习动态，重点强调新知识的出现，并且提供启发性观点。

你会被引导到一个非常大的拼图的关键部分，在那里你可以以任何方式和规则组装拼图。阅读和重新阅读每一章，然后逐步处理关键解决方案，为你的团队和组织创造未来。

在撰写本书时，笔者很关心它的优势应该在哪里，并且最后确定为它应该为所有的领导者、管理人员和他们的知识顾问提供中间服务。因此，本书的中心内容是针对所有管理人员和读者的，并且一些章末尾的参考文献让你能够更详细地选择和深入探索所有相关的问题及其进一步实时发展的可能性。

本书不仅介绍了扩展内容，还介绍了业务发展中人类进化这个重要领域的新愿景。很多的企业发展已经变得毫无作用，并没有把重点放在有新挑战的未来发展上，如果要重新定义过去和未来，那么它将会激发这个时代的未来成就。

这本书只是开始，并非结束，目的是让你获得创造广泛传播的关键要素，从而发现团队和组织管理实践中的问题，帮助你成为团队和组织中不断变革及发展的主要发起人和掌控人。

企业的未来取决于你现在的行动。

目 录

第一部分

管理研究报告

第一章

企业大学相关的常见问题

- 问题多过答案
- 最常见的问题及对应答案
- 总结要点

本章列出了人们在考虑将企业大学发展平台引入其组织时最重要的基础问题。其中一些问题简单而直接，而另一些问题则具有一定的夸张性。这些问题是在与客户公司进行早期讨论时最常出现的问题。

本章采取的方法是提供有关企业大学学科的信息，并激发思想引领，从而全面实现企业大学理念。

问题多过答案

由于在思维和管理学科方面融合的多元化，企业大学的发展看起来可能既充满神秘色彩又高深莫测。关于问题的发生理由以及如何去做，通常会导致更多的问题，而不是提供明确的答案。

在引入“硬性”绩效管理改进技术时，出发点通常是非常明显的，“做什么”和“如何去做”是明确的，并且是逻辑渐进式的。在这些情况下，关于目标和结果的问题相对容易回答。

另外，“软性”开发旨在更多地释放个人潜力和建立组织能力，在其流程方面更为复杂，并且更加难以表述。尽管其中大多数通常都是精心设计，并针对定义明确的受众的特定需求，然而在企业大学引入的业务发展的干预层面，更为重要的反思、研究和准备工作是获得良好开端的必要条件。根据以往的经验，有人可能会提出一系列不同的答案，这类答案描述了企业大学所处的视角、情境以及受到的干预。因此，管理人员可以毫不费力地理解这些问题。

一些专家重点强调了某一个特定的方面，而那些已经参与企业大学发展的公司往往可能采取不同的战略，并强调人员发展、管理发展、组织发展和业务发展等不同方面。

其中一个困难之处是，倘若有人被问到他对某件事的看法，他的思维会受到诸多因素的影响，比如自身利益、个人经验，尤其是自身的立场。

如果有人被问及在第一次看到汽车时对汽车的印象如何，那些看到汽车经过他们身边的人给出的答案与坐在静止不动的汽车里面的人的印象肯定是有很大的不同的。

通过询问不熟悉企业大学概念的人，及其与特定业务相关问题而产生的混淆程度，可能会导致你需要对他们的学习进程做更多的理解。

除此之外，这个概念的全部内涵仍在不断发展和成熟，这将影响你的公司成为一个具有影响力、极富挑战性和非常有前景的企业。

因此，创立企业大学的公司如何处理初始询问，这一点非常重要，了解正确的问题是这一过程中的首要步骤。其次是从独立和不偏倚的角度来获得连贯的答案。帮助管理者实现这两个步骤是开发下列问题及寻找答案的主要因素。

对于那些有责任为公司在企业大学投资方面制定有意义的战略方法的管理者而言，提供这样的指导是非常重要的。

最常见的问题及对应答案

企业大学的定义是什么?

企业大学在文献中有许多定义。其中一个深入思考概念内涵和战略角色的意义，同时又颇具启发性的定义是：企业大学是一种管理干预措施，它使公司或组织进入一个新的强劲且持续的业务发展阶段，而目前它的思想引领和学习行为风格的水平却无法实现。

是否有必要使用“企业大学”这一术语，我们应该如何命名?

一方面，许多公司对这一术语的应用表示相当满意，因为“企业”一词涉及公司对发展的所有权方面。“大学”这个词，与一个为研究和高级学习提供指导及设施的地方联系在一起，同时也表明所达到的学习水平。

另一方面，这个术语对一些公司而言是完全不能接受的。它们认为这一术语可能意味着总部驱动型，同时也不具备强大的学术特点。

然而，“企业大学”这个名词已经成为讨论企业学习发展的通用词汇，并且是一个有用的标志。每家公司都有自己喜欢的术语，建议巧妙处理这一问题。

就命名和品牌化方面而言，企业大学非常重要。这是一种向所有内部和外部利益相关者发送信息的象征性行为，并要求所有激励因素达到独特的平衡，从而实现对每个人而言都是积极和激励的品牌形象的目标。

命名准则将包括以下几个方面：

- 公司名称。
- 行业或业务部门的名称。
- 其知识或学习风格。
  - ◇ 学院；
  - ◇ 大学；
  - ◇ 学校等。

企业大学仅适用于大型公司吗?

不一定如此。问题在于如何通过获取和应用新的学习知识来维持竞争优势，并且能从个人层面开始。

它关注领导力发展并提高学习体验的质量和相关性，主要目标是在整个公司的业务领域实现思想和智力的引领，比竞争对手更聪明、更迅速地脱颖而出。

因此，规模并不是问题，尽管较大规模的公司已经有实施这一举措的趋势。企业大学理念中固有的规模逻辑和结构优势也使其成为一项具有吸引力的发展，并推动其被采用。

中小企业的目标是实现和维持这种知识引领的状态，其竞争力更加取决于这一因素，但它应意识到与思维模式相关，而不是只从规模来考虑。

什么类型的公司会参与企业大学的发展?

最初的趋势是由高科技企业、专业服务公司、咨询公司和拥有强大科学或技术基础的公司引发的，持续创新和引领各方面业务的信念在这些公司中已经确立，但应继续加强。

实施完整的企业大学理念为这些公司提供了思想引领的机会，并提供了一个更具激励性的环境，加强了学习和成就的文化价值。

如今，在更传统的企业中，正确管理的业务主导型学习、共享知识和电子技术的综合优势正在被充分利用，这种趋势正逐渐占主导地位。

企业大学在哪里?

较大的公司倾向于在校园式培训发展中心组织实施正式课程。然而，它的基本定位是在人的思维和组织意识中。

只有当人们在做事时“思考”，并在实时环境中，如在办公室里、在工厂里、在与供应商的讨论和谈判中、在与客户建立关系时、在开展个人和组织工作环节以及社会环境中，才会意识到企业大学的这种优势。

企业大学的“校园”没有外部限制。当你知道如何高效地做到这一点时，你可以随时随地地学习和发展。此外，它与成人学习者有关，并且学员之间是不同的。学员喜欢在不同的时间以不同的方式开展学习，他们需要的是一个健康的支持性的有质量的学习基础设施，满足他们个性化的需求，以便随时随地学习。

有公司以这种方式对其进行定义：“我们的目标是开发一个高品质的学习基础设施和值得人们参与的有益环境。”

企业大学是否与传统的学术型院校相似?

企业大学与传统大学关于提供优质教学、促进研究和高级学习以及对所达到的学习水平的认可的基本目标是相同的。然而，企业大学的管理、战略背景、学习过程和发展目标与传统大学截然不同。企业大学是一种混合发展模式，它将之前已知的企业培训和发展迅速变化的本质，与已知的知识学科和严格的学术过程中的某些要素结合在一起。诚然，它不像任何传统体制、学术或商业模式，而是一个新的实体和文化，更符合现代商业环境。

企业大学是否囊括全部并对每个人都适用？“最慢模式”是否起到领头作用？

每家公司存在的价值之一，是为所有人提供服务，包括它所拥有的员工、中基层管理者、高管和董事，而不是仅针对最慢或被选中的那部分极少数人。但是，这并不意味着所有的东西都是“墙到墙”：对立的便是正确的。

企业大学管理人员最困难的工作之一就是如何确定稀缺资源，以及何时针对特定的人群实现业务的成功。这不是许多公司真正擅长的环节。

这意味着在实施战术型和战略型举措的同时，培训和发展提供了相当大的流程化和积极主动的管理。

包容性更强的方面体现在各个层次上建立的基础实时能力，学习如何知悉和了解需求。这也是为了让管理人员和员工能够在开展工作的同时建立一个场景。

你认为我们会从企业大学中受益吗？

没有人可以确定这一点。有很多组织思维已经达到其成长的边界。

这些概念和思想不断证明这些成长的边界已经无法应对现代商业环境的混乱局面。它们阻碍人们思考问题，它们会产生压力，使人在过去表现良好的情况下变得越来越不好，而不是做出调整来预测并与时俱进，从而逐渐地与客户、竞争对手和商业氛围不同步。

深入的动态情况分析将很快显示企业大学的发展方式是否会发生重大文化转变，你的企业或商业部门当前面临的问题是否能够得到解决（无论是否从大规模文化模式转向企业大学发展模式）。

谁负责企业大学的发展和管理?

这是一个重要的商业主导的变革平台，必须在高层管理人员的视角中有所体现。它的成功将取决于是否能克服各个层面的文化差异和组织障碍，并引入关于企业价值、资源投入以及回报的新观点。

这一最高层的承诺需要一群坚定并致力于企业生存的人来支持。例如，项目总监直接向首席执行官报告。这将是具备高级管理能力的人员，作为网络组织者，以及在核心团队的招聘和管理中，根据需要为特定决策提供专业建议的贡献者。

思想意识和入门培训对于这种参与干预发展的每个人而言都很重要，因为没有多少人具备快速承担这些责任所需的知识、个人形象、技术和能力，或者是具备现成的跨界学科的能力。

将向参与者提供哪些计划和奖励，并且它们是否具有公司外部价值?

企业大学提供了对新的学习方式和内部计划给予高度认可和奖励的机会。这意味着所有的培训和发展都应该根据开展工作的人员、公司获得的益处以及学分（如果计划与大学、商学院或继续教育学院的学分有关联）进行评估。

激励和奖励是企业大学管理政策发展的一个重要领域，应该在职业发展、薪酬和福利计划的背景下进行审查，目标是使贵公司成为领先的企业。

我们是否需要与大学和商学院结成联盟?

外部联盟以及与知识供应链之间的学习合作关系，应该根据与特定战略计划相关的特定学习需求形成。此类安排应该具有竞争性，并妥为立约。

有关大学和商学院的知识合作关系的选择和管理方面有很多案例，它们可能以各种方式发展——按照“复杂性”和“风险”的升序排列，并且协作式知识合作伙伴关系和联盟项目可能包括：

- 信息交流；
- 经验分享和咨询；

- 通过研究项目开展合作；
- 改编和评估学习媒体及材料；
- 构建学习项目测量和评估的方法；
- 确立信用转移安排；
- 在合作伙伴和机构内部之间建立新的管理结构。

应该在公司和子公司中建立外部供应评估的共同框架。

我们的员工和管理人员有这个时间吗?

这个问题的答案是，工作人员和管理人员无法承受没有时间的情况，企业的未来和他们的职业生涯取决于参与度。这是一个相当激进的信息，并且是实现文化转变的核心。

正确制定项目流程、高质量学习的支持设施，以及其真正目标与策略和战略要求直接相关的工作任务等方面的优势，在于可以很快地提升激励愿景。在得到妥善管理的情况下，有机会进行独立思考并发挥内部变革推动者和内部顾问的作用。

如何评估企业大学的成本以及回报/投资回报?

企业大学的发展是一项重大投资，应该从财务评估的角度来看。可行性研究和资金预测是重要步骤，须结合对组织绩效和竞争能力的改善带来的好处进行评估。

工作人员和管理层进行的每项任务都应该通过直接报告进行适当的监测和评估，并估算优点，如增加销售额、节约成本等。

是否可以在全球范围内实施?

你希望在全球范围内实施吗?

企业大学的建设解决了许多公司的关键问题。企业现在受到全球竞争的影响，并且无论从人员发展的角度，还是从营销和客户文化的角度来看，企业都必须思考如何超越国家和地区的界线。然而一些国际企业对维持本土文化的依赖是巨大的，而另一些则受到全球品牌实力的驱动。了解跨界文化与知识能力的差异和协同作用及其对公司业务的影响将成为企业大学典型的研究项目。

电子学习技术使全球同步学习理念变得更加易于实现，并且可以通过加速共享学习，增加竞争的时间优势。使用电子通信、电子系统和主动式电子管理工具开发全球学习基础设施，为实时开发过程增添全新动态。建立这些认知和联系有助于重新定义企业大学的全球化潜力。

总结要点

以上对企业大学的全部理念，以及在相当长一段时间内进行的实证研究和现场研究有了全面的调查，开始这一发展进程的公司提出的问题虽然没有改变，但是来自该计划积累的知识促成了更多明智的答案。

你可以将这些结果视为学习过程中，关于企业大学作为组织和业务发展平台的潜力及作用的第一次迭代。其他章节将集中讨论公司开发定制解决方案的特殊经历，以及优化它们特定的企业大学财富，并检查项目管理的这些干预措施方面的内容。从计划中可以清楚地看到，投资者如何看待商业价值正在发生根本转变，并且公司知识资产的品质正在日益成为吸引资本流动的因素。

通过行政举措背景下知识竞争力的广泛发展，寻求方法以实现这一目标的组织将在这个不断变化的金融市场环境中蓬勃发展。

实现企业声誉转变的责任在于高层管理人员，在企业大学的概念中体现了多方面的发展计划。

本章改编自以前发表的作品：理查德·迪尔特里. 关于企业大学的常见问题[J].翡翠工作场所学习期刊，2001，13（6）。

参考文献

企业大学蓝图.2017.检索自：http:// www.corporateuniversity.org.uk/blueprint.htm.

第二章

企业大学发展的案例研究

- 引言
- 研究方法——渐进式学习模型的应用
- 实时案例应用
- 研究结论
- 觉醒——逐步实现可实现的目标

本章介绍一种评估企业大学发展有效性的研究方法。该定义的研究方法应用于五家随机抽样的英国和美国企业，其中四家企业在全球市场都有业务。本章对新一代企业大学的愿景与当前企业实践之间的差异进行了识别和评论。

引言

本章借鉴累积的客户研究结果，深入探讨企业发展的真实情况，以调查实践中真实发生的事情。

在实时研究中应用的研究方法，是基于与已经致力于该领域发展的五家企业之间的结构化访谈和讨论，然后将研究结果置于经典规范的企业大学蓝图模型背景下。该模型非常灵活，可以以多种不同的方式应用，以前已应用于：

- 建立对全面企业大学概念的认知；
- 特定应用的设计和资源；
- 对正在开展的企业大学的流程和项目进行审查和评估研究。

在所有方面，它都有可能在企业的实时环境中全面捕捉综合学习及知识型管理和战略目标的所有属性。

在这一证据研究中，研究了评估企业大学发展有效性所采用的方法的差异，特别是研究的结果集中在识别每家企业对可实现目标的理解水平和看法的差异。它还研究了它们如何管理这一干预措施，以及它们是否以更具有创新性和动态的方式，而不是采用更多的规定的方法，在推进企业大学发展的过程中获益。

研究方法——渐进式学习模型的应用

企业大学蓝图模型被用于对一系列企业大学进行申请的交叉评估。

这一特定研究工具的选择是基于其全面的诊断框架，涉及新一代企业大学范式的设计、资源和管理的各个方面。其整体结构图解如图2.1所示。

此特定研究计划的蓝图应用程序在第一级决策中得到应用，这涉及从1到10的所有第一级决策中对每家企业的企业大学情况进行审查。

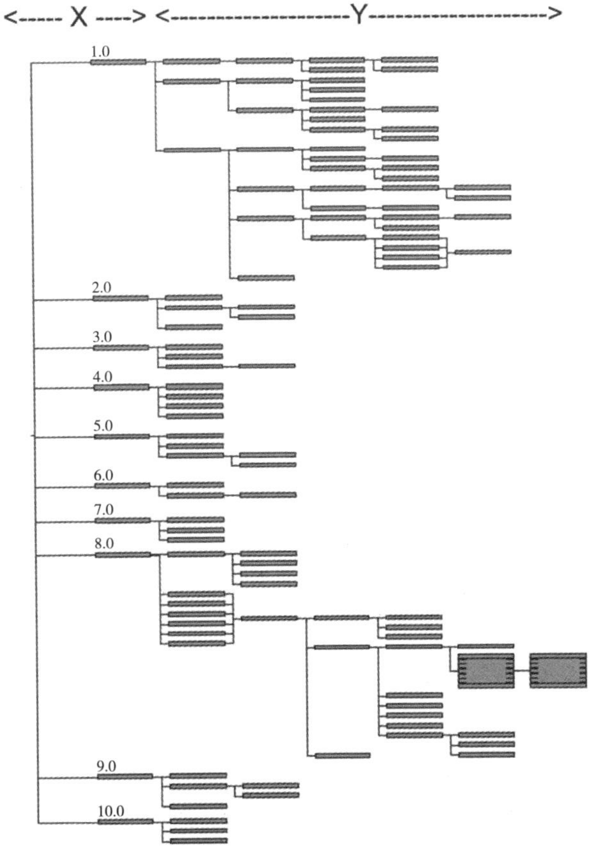

图2.1　企业大学蓝图模型整体结构图解（引自原书图）

蓝图的十大决策链成为制定研究战略的模板，并为选定的五家企业之间的交叉分析提供了比较基础。

这些第一级决策链在图2.1中突出显示在“X”处。

请注意，由于决策链1.0（设计学校策略）涵盖了广泛的企业大学发展领域，因此对更多层级的这一特定领域也进行了质询研究。它实际包含了与决策链1.0相关的五个决策区域，具体如下：

1.1 治理

1.1.1.1 资金

1.2 战略方向和政策

1.3.2 学习技术

1.3.3 知识型合作

因此，总的来说，研究类别涵盖了企业大学发展过程中的14个决策领域，具体见表2.1。

表2.1 研究调查简况

决策链参考	决策链要素
1.1	治理
1.1.1.1	资金
1.2	战略方向和政策
1.3.2	学习技术
1.3.3	知识型合作
2.0	营销职能——内部和外部
3.0	管理和行政
4.0	知识收获过程
5.0	管理情报
6.0	支持学习基础设施
7.0	监管标准
8.0	管理发展计划
9.0	质量保证体系和程序
10.0	数据保护

这种方法的优点在于，它提供了从战略和政策问题到计划的详细设计及交付、知识型管理中的相关基础设施问题，再到保护竞争优点所需行动的所有相关事项的渐进和严格分析的潜力。

在后续章节介绍的个别企业研究计划中，利用企业大学蓝图的全部功能探索模型——超结构以外的更多形式，并进入决策树的决策子结构或下级分支结构，其中涵盖了120多个相关问题的总体关键决策区域，这些问题定义了定制应用的形状（图2.1突出显示在“Y”处）。

对五家企业当中负责企业大学干预事宜的管理人员进行系统化研究，研究结果分别以A、B、C、D和E表示这些企业。

实时案例应用

调查结果摘要

表2.2列出了每家企业在14个关键决策领域中发生的企业大学干预准备的相关信息。阴影区域表示已采取的适当决策水平和已引入的适当资源水平，空白区域表示没有决策或准备。

在整个样本中，见表2.2，在总共70个关键决策和准备区域中，有42个区域正在积极开发，28个区域没有任何进展。

表2.2　关键决策领域的准备措施

研究案例蓝图链	A	B	C	D	E
治理					
资金					
战略方向和政策					
学习技术					
知识型合作					

（续表）

研究案例蓝图链	A	B	C	D	E
营销职能——内部和外部					
管理和行政					
知识收获过程					
管理情报					
支持学习基础设施					
监管标准					
管理发展计划					
质量保证体系和程序					
数据保护					

这为该研究样本提供了有效的企业大学属性因子0.60。

纵向分析——企业大学案例分析

更详细地检查研究结果，表2.3显示了企业大学在每家企业的关键决策领域的属性或“命中率”。

表2.3　企业大学准备措施的纵向分析

企业	A	B	C	D	E
属性得分	9	9	7	7	8
因子	0.64	0.64	0.50	0.50	0.57

注：属性得分是合计14个关键决策领域中的每一项的得分。“因子”表示目前与新一代企业大学范式的联系水平。

跨部门分析

从企业准备的“跨部门分析”中可以看出，企业已经在关键决策链及其资源中合并了以下两点问题的“命中率”。

跨部门研究结果说明了企业大学干预决策和资源的优、缺点。

这些对当前实践的广泛见解，为企业大学蓝图代表的最新一代，提供了关于企业大学干预领域发展状况的基础。

研究结论

移动目标

首先应注意的是，在过去10年中，企业大学范式已经迈出了重要的一步，并且随着更多的技术、知识型管理和学习过程创新的实现，将继续被重新定义。企业正在关注一个移动的目标。下面描述的生成性简介说明了思维是如何向前发展的。

概括而言，企业大学范式的演变可以分为多个阶段（见表2.4）。

表2.4　企业大学范式的演变

第一代	对培训和发展部门进行重新贴标说明
第二代	培训和发展与组织目标一致
第三代	技术驱动——虚拟大学理念兴起
新四代	强调在实时环境中基于成果的知识型产权和知识型资产管理流程

研究样本中的企业大学简介表明，在早期的第一代和第二代企业大学风格之间存在密切的联系，而更先进的第三代和第四代思想开始出现在更复杂的、更高层次的属性应用中。

管理、准备和进一步发展企业大学范式的能力，显然是一种需要培养和融入组织，以在这一领域取得成功的技能。

组织约束

表2.5至表2.7中的属性概要说明了企业大学实践中的一些特征，表明企业在突破当前组织以进入更加开放的学习和知识发展领域的限制时，可能会遇到的困难。

通过分析两组优点和缺点之间的差异，给出了指向这种情况的指标，见表2.6和表2.7。所有的优点属性都源于人力资源管理的核心管理技能，而缺点属性涉及技术和组织整合方面的创新发展。

表2.5　企业大学属性的跨部门职能

参考号	决策链	关键决策“命中率”
1.1	治理	4
1.1.1.1	资金	1
1.2	战略方向和政策	5
1.3.2	学习技术	3
1.3.3	知识型合作	4
2.0	营销职能——内部和外部	5
3.0	管理和行政	4
4.0	知识收获过程	2
5.0	管理情报	2
6.0	支持学习基础设施	2
7.0	监管标准	2
8.0	管理发展计划	4
9.0	质量保证体系和程序	3
10.0	数据保护	1
		总“命中率”= 42

注：可达到的最高“命中率”=70。

表2.6　样本中企业大学的属性优点

参考号	决策链	关键决策“命中率”
1.1	治理	4
1.2	战略方向和政策	5
1.3.3	知识型合作	4
2.0	营销职能——内部和外部	5
3.0	管理和行政	4
8.0	管理发展计划	4

虽然14个决策领域都与组织动态有关，但1.1.1.1资金（五家企业中的一家）的特殊弱点，即企业大学发展职能中的金融问题的发生率很低，这反映在输出过程中得分较低，在知识收获、质量保证和数据保护方面的发生率明显很低。企业大学如果要以商业为主导并以成果为基础，则必须明确授权，以证明其在增加价值和产生竞争优点方面的作用，并通过这些成就明确建立投资回报案例。

表2.7　样本中企业大学的属性缺点

参考号	决策链	关键决策“命中率”
1.1.1.1	资金	1
1.3.2	学习技术	3
4.0	知识收获过程	2
5.0	管理情报	2
6.0	支持学习基础设施	2
7.0	监管标准	2
9.0	质量保证体系和程序	3
10.0	数据保护	1

如果它将在新的学习和相关知识型管理流程与业务发展需要结合的过程中扮演重要的角色，则在建立更广泛的多学科平台方面存在的这些弱点将再次提出关于企业大学平台发展的组织责任定位的问题。必须有一个总体的组织桥梁机制。样本中评分最高的两家公司的首席执行官都是企业大学发展背后的综合推动力量，它不是现有职能的附属物，而是发展的主要平台——它可以积极地改变人们对自己以及工作场所中的业务和行为的看法。

所有权和形象

在开展的所有工作和研究中都毫无例外地显示，使用“企业大学”一词是一个非常有争议的问题。根据个人参考框架，“企业大学”会给人一种正面或负面的印象。在五家企业的研究样本中，有三家企业已经放弃了“企业大学”这一术语，一家企业从未公开使用过它，而剩下的一家企业在这方面也遇到了困难。

“企业大学”这一术语在本书中被用作一种有用的标记，但在真实的企业环境中，它可能成为一个极具争议性的辩论话题，它将分散精力并将能量从定义企业大学的核心目标中剔除。企业大学向管理人员传递了一系列非常混杂的信息，并可能在整个组织内产生非常不稳定的影响，从而与其目的相矛盾。

在某些组织中，“企业”和“大学”这两个词完全不被接受，因为它们意味着“集中驱动”和“学术驱动”，这是一些企业在组织的宏观和微观文化中无法接受的一系列动态。在其他情况下，“企业大学”是所使用的通用平台术语，但在引入企业词汇时没有进行充分的组织准备和翻译，往往引发一些问题，而这些问题并没有呈现在新的基于心理学和知识文化导向所期望的健康蓬勃发展的趋势中。

企业大学的前身或平行概念（学习型组织）虽然是一个良好的发展概念，但由于暗示企业或组织不知道如何学习或未曾学习过，因此在其初期便会面临被拒绝的境况；在学习时代，尊重问题不再具有有效的作用，新的现实学习需要花费几年的时间才能超越与以往教育经历相关的思维模式。

解决企业大学命名这一特定问题的线索，似乎只有在定义新一代企业大学的特性时才能找到。而企业大学的特性需要按照以下几个方面进行定义，即战略目的、学习经验的性质、获得个人利益的机会以及通过参与此类风险的冒险精神的承诺。以“实时商学院”和“（商业部门）管理学院”为中心的表达则越来越受欢迎，在这两种情况下，均强调了管理作为特定环境或商业背景下的核心动态项。

然而可以得出的观察结果是，虽然这些普遍可以接受，但它们在很大程度上是内部驱动的。最终的选择必须与企业的外部视角，或预计的公司人格保持一致。企业管理层的知识型产权与利益相关者权益的内在价值、企业商誉组成部分之间的心理联系在最佳时期是一种脆弱的关系，并且若一个管理得当的知识型资产开发项目的全部市场价值想要得以实现，就必须培养这种关系。它必须作为一项向更加复杂的管理文化体系迈进的非常积极的举措，而向所有利益相关者公开，并且要与其商业环境相“协调”。同时还需要在很大程度上以商业学科的现实为基础。

因此，清楚地定制企业大学应用并不仅是整合管理计划和学习基础设施流程等，这对于高层管理者来说还是一项复杂而微妙的任务。它从设立和构建企业大学品牌（这是整个实体战略愿景的一部分）时就开始，因此便有了合适且高度个性化的命名，该命名和介绍能让公司内部和外部的利益相关者之间达到平衡。

动机考虑

最后，驱动并实现卓越管理的问题是一个常见的激励措施，应该在讨论决策命名时提出，这对管理人员来说也是一个特别重要的激励因素。关于这一点的研究证据是显而易见的——虽然可能为了共同利益存在一种利他主义，获取包罗万象的方法，但管理者确实是在雄心壮志的激励下努力工作的。而在发现企业大学服务和学习机遇中，不具备高质量或增加职业潜力价值的情况下，管理者会在前进的道路上退缩。这一观察结果也与决策链1.3.3“知识型合作”有关，当时讨论了与外部准备和学习合作有关的决策。

显然企业大学设置中的管理发展动态，正在从主题、简单解决方案和说明性理念转向问题管理、专业管理的发展基础设施和自我管理学习过程方面。

觉醒——逐步实现可实现的目标

从多个角度来看，这项研究是有价值的。其在打破可能困扰新业务发展范式的快速解决，或即时满足综合模型中发挥作用。

研究样本中的企业在干预方面均取得了良好的进展，但是，需要时间和新的学习知识来确定可以实现的全部潜力。企业大学的设计和建设是一个不断探索的过程，必须有一个正在寻求的清晰愿景，否则“如果你不知道你要去哪里，那么你就只能随波逐流，无所适从”这句古老谚语所表述的含义也体现在这一业务的发展领域。

企业大学蓝图的应用已被证明是贯穿整个审查和评估过程的良好指导，对企业和研究人员有很大益处。如果采用动态使用方式，它将提供一个完善的规划基础和主题领域的“需要学习”论坛。

现在出现了一个新的组织时代，并且企业大学在变革和发展过程中要做出重要而有力的贡献。如果管理层给予支持和资源，则企业大学作为一个重要的业务流程，将有可能实现新的联系和新的未来组织的观点。

本章改编自以前发表的作品：理查德·迪尔特里. 企业大学发展的案例研究[J].翡翠工作场所学习期刊，2000，12（6）。

第三章

企业大学发展过程、演变过程的案例研究

- 实时案例系列
- 本案例研究的核心公司的选择
- 研究途径和方法
- 企业大学前端决策分析——以 F 为例
- 案例 F 研究分析资料
- 案例分析结论
- 企业大学的特征及其发展

本章评估了大型上市公司在企业大学范式演变过程中的发展动态。
本章概述了迄今为止发展的详细跨部门分析中的主要研究成果。

实时案例系列

应使用本书其他章节中关于这种组织干预形式的观察结果来考虑这一实时案例研究和学习的结果。

在前一章“企业大学发展的案例研究”中，使用明确的企业大学模式架构评估了五项企业大学范式发展的概况，以确定其在组织和战略发展目标方面的新兴优点和缺点。

对这五家公司在建立定制化企业大学平台方面取得进展的发展分析中，在14个主要决策链项下进行了审查，这些决策链对于企业大学干预的成功做出了重要贡献。这些基础广泛的初级或实地研究结果为大型企业的企业大学实时案例研究的更深入审查提供了背景资料，这也是其概念发展的一个重要里程碑。本章记录了该特定实时案例中的实地研究结果摘要，并对企业大学范式的未来管理进行了分析，从而使整个企业实现最大利益。

本案例研究的核心公司的选择

在过去的几十年中，随着进一步的技术、知识型管理和学习过程创新的实现，管理层对企业大学范式潜力的认识已经向前迈出了重要的一步，并且还在继续发展。众所周知，该主体处于一个非常动态的发展阶段，企业正专注于一个不断变化的目标。

因此，选择本章的核心公司对象时须遵循的主要标准是：核心公司应具有管理企业大学范式的实践经验，并且正在对组织创新、结构和专业学习基础设施资源发展领域的关键决策进行评估；核心公司应该已经创新性地参与了实际推动这一主题的过程，且正处于学习和借鉴其经验的阶段；此外，应该有一些证据表明基于结果的学习具有强大的管理理念，这种理念是基于建立知识型产权以获得竞争优势的企业战略的基础而产生的。

与许多其他企业一样，被选择的企业开始并没有想要成为企业大学的这种想法。但是，它几年前引入了基于企业资格的管理发展计划，这体现了当前企业大学发展的特点。这是当时的前沿思维，并与大学的“学习合作”相结合。

这些计划创新的目的是在现实商业和企业管理学习之间建立更直接的联系，解决企业在许多外部管理计划中遇到的困难，但缺乏连通性和相关的知识性问题。

在参与该研究的管理者看来，这些商业研究项目进展得很顺利，并实现了高标准的学习、奖学金和职业发展。但从学习型合作者的角度来看，有一些悬而未决的问题需要解决。这些问题涉及核心公司与大学之间的业务关系、组织的有效支持标准、学习基础设施的质量以及企业对学习型管理层将要提供的知识领导水平的期望值。

很明显，对于这两种合作伙伴来说，“合作型学习”一词的意义和深度都比最初设想的大得多，有许多经验教训值得学习。

在进行这次特定的企业大学评估时，评估了整个培训和发展项目组合，从而重新考虑其在这一领域的准备情况，并确定新一代企业大学平台在实现人力资源战略和知识型资产发展目标当中能够发挥怎样的作用。

在企业大学的平台作用之下，许多公司的发展可能会出现分水岭，并且会发现本案例研究提供了既及时又翔实的参考内容。

在本书所有章节中，并未透露该企业的身份，这样做是为了保持其机密性，即该企业在本章中被定义为公司“F”。

研究途径和方法

本案例研究的方法是基于企业大学蓝图的应用。在确定个性化企业大学架构时，这种灵活的管理流程模式有助于渐进性地通过所有关键决策领域，并且还可能对其资源查找及有效运营有所帮助。

事实证明，该蓝图在许多应用中已被证明是一种非常有价值的反思、研究和评估的工具，并为A、B、C、D和E之间的企业大学发展的跨案例比较提供了背景。这些企业的发展特性和属性在前一章中已得到证明。

F更深入地应用了相同的实地研究方法和评估方法，为紧急政策和流程提供了重要见解，同时扩展了进一步跨公司比较的机会范围。

在核心公司中，对一些管理层（从主任到部门负责人）进行了访谈，这些人都参与了企业大学的审查和开发过程。每位受访者均回答了有关蓝图决策要素的相关问题，以反映他们对整个过程中每项决策要素相关目的和政策的了解情况。某些人的回复可能存在一定的限制性，这可能是因为个人回复、贡献的程度及范围受他们各自的角色以及“须知”的影响。通过结合所有访谈结果，对可能实现核心公司的演变发展途径进行了综合解读。下面是对这些发现结果所进行的概述。

企业大学前端决策分析——以F为例

以下按顺序描述了主要决策链，包括每项决策要求的简略版的指导说明，以及每个区域发展状况观察的研究结果摘要评论。

设计学院战略

- 指导说明

这一起点涉及企业大学概念在企业形势和战略愿景背景下的起源。

这意味着要在设计学院环境的背景下对企业大学选择及可行性研究进行全面

分析。其结果应明确界定已感知到的企业大学的战略角色，确定促进企业实现战略愿景的内容和方式，以及提议干预的性质、组织水平和时间安排。最重要的是，它应该向所有利益相关者强调，它能够通过所有活动显著有效地帮助公司的业务取得成功。

企业大学准备工作的组织因素和动态，如结构；克服集中与分散的紧张局势（国家、区域和全球的）；跨文化和跨学科整合的能力；关于操作、功能和战略层面的考虑；哲学方面的精英主义；包容性学习和相关的利他主义问题，这些都是制定设计和实施策略的一些基本因素。

- 研究结果摘要评论

在该公司的企业大学发展中，最为普遍的企业大学“思想学院”属于培训与发展学校的范畴。管理层可以在设计企业大学时从几种独特的思维范畴开始，而这类特定的学院具有一定的优势，但针对干预措施优化情况，却是没有必要的总体战略方法。

在设计学院团队中，有些人的利己主义过于强烈，这限制了思维水平。

设计学院的阶段要求是独一无二的，在招揽成员时需要其具备智慧、创造力和哲学维度。诚然，你不能指望任何业务的运营都能有效地实现其设计的功能。

治理

- 指导说明

该决策点的目的是建立一个能够实现和维持设计学院企业大学理念的执行委员会。该委员会将负责发展企业大学的愿景和理念，从而形成结构和治理制度。

因此，尤其重要的是建立一个对公司战略方向有一个总体规划的董事会或高层管理团队。

其成员通常包括业务合作伙伴、客户、学者和专业顾问。董事会将成为整个企业中知识型企业质量的守护者。

- 研究结果摘要评论

已经确定了一个治理结构，该治理结构遵循一个非常典型的主要学术型大学的模式——固定观念；重点在于复制既定主题、时间和部门驱动型学术制度，而不是通过将业务目标、政策和目的引入动态学习过程环境的有远见的企业大学角色来反映和塑造。

1.1 资金

- 指导说明

检查公司在培训和发展方面的整体知识型资产管理投资的当前融资模式，是企业集中控制的融资模式还是自主分配支出的融资模式。

- 研究结果摘要评论

这里并没有关于企业大学投资回报率公式的清晰阐释，尚未开发出明确的商业模式。由于成本的降低和效率的提高，所期望的是获得可观的财务回报，但这些期望亦没有详细说明。

1.2 战略方向和政策

- 指导说明

该决策领域关注的是影响企业大学未来发展方向的战略和战术问题。

详细定义企业大学在业务、管理和组织发展目标方面的战略角色。

- 研究结果摘要评论

已就业务重点达成广泛共识以解决相关问题，但是，没有计划在不同组织级别或战略业务部门中实现业务驱动的“需要学习”动态之间实现一致性。

重点是制定高质量的人力资源战略，将企业大学概念从公司领域转向功能领域。

1.3.2 学习技术

- 指导说明

基于技术的辅助培训和发展，可以为实时商业环境中的有效学习做出重要贡献，然而不同的媒介在行动研究、行动学习或其他学习过程中所扮演的角色并不相同。

将多媒体应用在企业大学计划中，其关键的成功因素是什么？

● 研究结果摘要评论

现有的公司内部培训和发展计划通常由传统的集中式课堂方法主导。由于计划不断发展，从而更广泛地使用学习技术来提供分布式学习的解决方案。

该公司学习合作管理发展计划的后勤工作完全基于网络，涵盖了计划课程、资源和交付等各个方面，并与面对面的最佳实践和行动学习教程相结合。由于每个程序采用的“会场”软件被证明过于复杂，用户不易操作，所以很早就在每个课程中进行了变更。

有一个理由充分的新兴观点认为，通过电子媒介学习实现高附加值学习的期望被高估了。此外，还需要进一步审查不同地点基于技术培训的成本效益。

1.3.3 知识型合作

● 指导说明

在企业大学发展的这一阶段，就内部和外部知识型合作的发展做出决定，这点至关重要。

特别是在发展内部知识型合作方面，其目标是提高组织认知水平，使其了解知识型合作对个人和组织成功的贡献，以及如何管理这种文化变革。

● 研究结果摘要评论

内部知识关系：公司管理层继承了具有强大网络和影响力技能的组织文化。这种组织特征的进一步发展是一个关键目标，因为它与大学风格的环境和知识交流的发展有很强的联系，这是企业大学非常理想的特征。

公司内部正在建立一个更强大的人力资源职能部门，旨在减少对外部培训提供者的依赖。

外部关系：五年后，与大学的学习合作安排已终止。尚未提供预期的知识型领导水平，并且为项目提供重要支持的组织调整尚未就绪。

更加灵活和多样化的网络以及与高等教育供应链的关系将成为未来的政策趋势。

2.0 营销职能——内部和外部

● 指导说明

企业大学的营销职能是整个组织向公司的知识型合作伙伴传达发展信息和机会的关键活动。

这些沟通渠道应传达与相关业务活动的战略愿景和使命有关的基本信息，以便为职业发展，新学习、新知识的获取和基于结果的学习活动提供信息。

● 研究结果摘要评论

内部营销：企业大学概念的内部营销活动正在进行中，但需要使用各种交际手段尽力周旋。“企业”一词在过去的管理实践中过于两极化，而“大学”一词并没有完全表现出是一种能够受到更广泛管理团体青睐的思维模式。

学习合作管理计划已经在某种程度上传播了这样一种信息，即管理者需要不断前进、不断更新知识并培养适合更加动态的商业环境的技能。如何在更广泛的基础上实现这种文化变革已被确定为企业大学发展作用的关键因素。目前的主要人力资源平台举措将有助于为这些发展做好准备。

外部营销：现阶段没有计划将企业大学举措的优势外部化。

3.0 管理和行政

● 指导说明

企业大学的行政安排是建立和提供资源，以便处理其规划、协调和控制等各方面的工作。管理职能包括与招聘和登记相关的所有记录保存，以及与企业大学政策、项目设计和财务预算一致的项目的资源获取、监督和评估。

● 研究结果摘要评论

在理事会、评议会和商业学院级别议定了企业大学的正式管理结构，并且进行一些职务委派时，资源充足的专业项目管理团队的到位会提供必要的连续性。

4.0 知识收获过程

● 指导说明

计划项目流程（PPP）中的所有紧急溢价率知识型管理均被定义为知识收获（KH），用于增加价值和维持竞争优势。如果要有效地工作，必须准备好PPP与更广泛组织之间的互联互通。

● 研究结果摘要评论

在学习合作模式下提供的管理计划产生了大量的新知识和新学习项，但是没有既定的体系和程序来正式捕获、共享、比较和对比这些产出，已经做出了试图在该领域未来发展中寻求机遇的试探性举措，从而利于整个公司的发展。

5.0 管理情报

● 指导说明

在实时开发环境中，支持信息和数据检索过程的运行速度具有额外的重要性。因此，支持信息基础设施的主要目标必须是为企业大学PPP提供高质量且快速响应的信息反馈环路。

● 研究结果摘要评论

没有证据表明要开发这种能力。

6.0 支持学习基础设施

● 指导说明

支持计划的学习基础设施将包括一个由组织渠道和人力资源网络组成的计划，该计划将维持主要学习过程势头，并基于“需要学习”这点，为参与者提供独立建议和帮助。虽然计划参与者对该组织学习基础设施的使用可能是权宜之计，但若要使其有效，它必须是涉及计划和项目过程的非常清晰而显著的资源。

● 研究结果摘要评论

从历史角度看，公司的学习基础设施基本上是非正式的、基于特定方法的——

以“自己的方式”或“自助”为基础——几乎完全取决于个人动机。公司业务部门已经建立了自主学习的PC学习中心，但并未取得成功。

职业发展建议现已成为高级管理人员更专业的管理平台，并将在企业大学学习环境中变得更加明确。

在选择培训和发展计划的人员方面，重点也转向了更加集中化选择和不太灵活的方法上，而以前的选择主要是基于自愿模式。

7.0 监管标准

- 指导说明

所有组织的商业环境都受有关消费者、就业、安全和保障、商业实践和绿色环境管理的法定和监管手段的直接或间接影响。它们对业务发展过程的范围和性质具有重要影响，该决策链提供了在这些要求和框架内建立企业大学计划发展良好实践的机会。

- 研究结果摘要评论

企业环境和组织动态中的监管机遇和威胁并未直接作为企业大学发展计划的影响因素。

8.0 管理发展计划

- 指导说明

该决策链在所有上述蓝图决策链的背景下发挥作用。这些综合决策链为组织综合化企业大学支持的管理发展计划的设计和交付提供了政策、方向、框架和背景。这些计划与战略目标相一致，充分利用这一决策环境将促进企业大学发展计划组合的设计，故满足了企业的学习需求。

- 研究结果摘要评论

在政策方面，一般都认同包括一切方面的学习方法，但这在实施上存在重大问题，因为将不同能力的人混合在一起，人数会非常多。为了解决这个问题，该企业已经做出决定，让每个主要业务单位的分散化培训部门都能应对这些差异，这些分散化培训和发展资源只能协调联系，因此不能在企业大学结构内部进行管理。

基于定制的渐进式行动学习和分布式学习解决方案，满足业务连通性和相关性问题的培训及发展计划受到青睐，但是在这种情况下，短期“现成”的低级别管理计划被重新引入作为一项权宜之计。

该政策仍然可维持公司内部MBA课程，并且目前正在对替代项进行评估。正在积极考虑将公司发展成能自主授予学位的实体。

9.0 质量保证体系和程序

- 指导说明

为管理所有企业大学计划的投入、产出和运营流程而建立质量承诺、控制和合规程序是非常重要的。全面质量保证（TQA）体系应该是要求程序规范的重要组成部分，并且应该在设计阶段定义。

TQA系统应该与决策链1.1.1.1中制定的、用于确定知识型资本投资回报的既定标准相关联。

在所有这些领域，QA ISO性能标准应该作为计划规范的一部分进行建立，并且应该有一个正式的验证过程，以便在每个计划中达到标准。

- 研究结果摘要评论

虽然对TQA系统的需求得到了认可，但目前还没有制订和采用知识标准领域的质量保证、质量控制和质量管理流程的相关计划。但是在所有培训和发展活动中，总体都朝着一个方向努力，即在每项计划中应用评估程序，并进行更为严格的后期方案的个体评估。

10.0 数据保护

- 指导说明

实时企业大学管理课程中兴起的学习、后天习得的知识和变革管理行动具有高水平的战术和战略价值，因此需要将其视为商业敏感信息。

- 研究结果摘要评论

由于没有正式的流程可以捕捉、比较、分享和对比来自新学习的新兴知识，而这些知识可促进竞争优势的可持续性，因此在规划的企业大学范式发展中，并没有计划在这一领域进行任何开发。

案例F研究分析资料

用于表示有关核心公司F的企业大学决策链研究结果的命名法描述如下（见表3.1）。

表3.1　企业大学特征情况——F

蓝图决策链	正在审查	正在开发	已实施和运作
1.0 设计院校战略			
1.1 治理			
1.1.1.1 资金			
1.2 战略方向和政策			
1.3.2 学习技术			
1.3.3 知识型合作			
2.0 营销职能——内部和外部			
3.0 管理和行政			
4.0 知识收获过程			
5.0 管理情报			
6.0 支持学习基础设施			
7.0 监管标准			
8.0 管理发展计划			
9.0 质量保证体系和程序			
10.0 数据保护			

- 明确的决策要素——不代表当前的评估或行动过程。
- 1/3阴影区域——表示在学习情况下开展的审查。
- 2/3阴影区域——代表相关流程和程序正在开发中。
- 完全阴影区域——代表其流程和资源已到位并可完全运作的决策领域。

核心公司F的企业大学特征的发展情况表明了关键决策链的优劣属性，这一情况与前一章研究的五家公司的纵向分析和跨案例分析非常相似。

案例分析结论

在这一特定的企业大学发展中，值得注意的是，在过去三年里，整个公司在功能上负责其知识型资源管理和开发的员工安置和管理结构已经完全改变。同一时期，学习合作形成过程中的主要大学部门有三个不同的学院负责人。

因此，围绕方向和可持续性的问题是企业大学发展的一个主要因素。研究表明，无论是“非我所创”普遍现象还是“哲学差异”，对于知识型供应链中的核心公司和学术服务者来说，如果他们无法建立一种可以相互学习的商业学习合作关系，并且必要的学习和行政基础设施无法完全不受短期主流变化的影响，那么，为个人管理者和整个组织提供诸多必要的“公司企业大学可信度”这一要素，会成为一个可笑的宏观政治活动，并且似乎对人们的需求漠不关心。

迄今为止，所研究的所有公司研究案例中均有强有力的证据表明，在企业大学范式的设计、开发和管理方面，思维品质很弱或模糊不清。这不是因为当事方漠不关心或是愚蠢的——远非如此；缺少的是对这种组织的多样化和发展形式中可用选项的充分研究及理解。研究表明，作为一个主要的企业跨学科学习和文化多样化发展，这些发展仅是从过于简单化和功能化的观点来分析，而不是去寻找它们的本质。

关于这一主题，我们有大量的新兴文献资料，然而，事实上，很少有证据表明这类资料是用于提高知识层面的意识：关于获取企业大学战略角色、成功所需的属性，或作为实现基本定制解决方案的指南方面的意识。而矛盾的是，在构成自我管理学习的纪律和严谨基础的过程中——在所有有抱负的管理者中被灌输的强大意识状态，企业大学并未应用于旨在鼓励更高认知水平的干预平台的演变中！

企业大学的特征及其发展

在对企业大学应用的发展状况进行的实地研究中，其中一些已在本章和前一章中进行了总结，为公司提供了有关其原始目标所取得成就的宝贵意见。本书以下章节将从广泛的实时案例分析开始，并研究企业大学中新的学习和知识改善过程中的差异以及驱动因素。

本章改编自以前发表的作品：理查德·迪尔特里.企业大学发展过程演变的案例研究[L].翡翠工作场所学习期刊，2000，12（8）。

第四章

ECUANET——欧洲企业学院跨国最佳实践网络

- 互动过程而非追随流行
- ECUANET 综合社区
- 划分 ECUANET 社区结构
- 工作方案简介
- 创建智能组织的动态

本章介绍了一个重要且独立的跨国最佳实践网络开发项目ECUANET的形成和远期规划。ECUANET的目标是跟踪和传播企业大学和中小企业学院创新管理中正在发生的演变和改革。企业大学和中小企业学院在本章中均称为企业学院。

互动过程而非追随流行

自20世纪80年代后期参与企业学院设计和管理以来，企业学院这一概念作为以商业、组织和人员工作为基础的发展干预，已经在许多方面有了不同的发展。在这方面，与许多其他领先的从业者建立跨国的联系并与之分享经验无疑是最幸运的事情。在讨论的过程中，许多想法和议程经常指向一种可能性，即可形成一个专业社区，致力于识别和传播企业学院管理中的世界一流最佳实践。

初始期望是基于管理工具、技术和概念模型制定的，它的内容是：在黎明前的曙光中存在一个最终的通用解决方案，用于成功管理企业学院。然而，由于概念应用的演变趋势及其潜在的多样性，开发可行的一维通用方案包的可能性微乎其微。另外一个不利因素是管理解决方案市场的可信度下降。随着大量的软硬件管理解决方案包以一种迄今未能察觉的势头低调地涌入市场，一维通用方案包的市场很快便陷入困境，出现了明显的下降趋势。

很明显，企业学院的专业实践不属于机械的勾选框分析解决方案的领域，因为它本质上是一种独特活跃且整体带有激励性的组织网络，旨在满足特定组织或公司的知识密集需求。

因此，可以得出结论，任何企业学院的最佳价值实践都将以案例为中心，具有短暂性。因为在每个组织内，它必须具备战略契合度，以满足其所服务的组织有先见之明的特殊需求；反映出其特殊情况、优先事项、资源能力、知识密集程度、文化差异及其目标。单一的无处不在的或现成的囊括一切的广义的企业学院方案包可能听起来很诱人，但这是一个不切实际的目标。

ECUANET 综合社区

从对这些对特定企业学院与企业大学案例之间无穷无尽的差异的认真观察来看，仍然存在一个国际经验储存丰富的信息库，这些国际经验非常值得我们分享。如果这个信息库的格式和管理得当，它可以很好地形成信息和数据交换中跨国合作的基础，并促进关于有效方法和无效方法之间的有益对话！该资源还将提供渊博的知识基础，从而开展进一步的案例研究项目工作。

结合这些经验资源，人们也意识到近年来在知识密集和新组织学习管理方面所取得的理论进展已经遥遥领先。这些不断增长的补充资源拓宽了我们的理解范畴，使我们了解到临界质量，从而制定出企业学院网络开发议程。

划分ECUANET社区结构

主要的挑战是建立专题知识和新的学习交流网络结构，通过这种结构，可以将最佳实践思想和解决方案开发的合作与协调融入实时的大学式环境中。这必须建立在一个人性化且严谨的智力社会过程的基础上，这个智力社会过程融入了欧洲各地企业学院的管理人、从业者和学者的精力，产生出相关的精品专题知识。但是，如果要传播最佳实践的世界级标准，它还必须与国际从业者和理论家的资源建立一个关系网络。澳大利亚、中国、日本和美国在这方面将正式联系起来。

社区网络的设计最终被嵌入一个独立的结构，被定义为国家网络的跨国网络——我们称之为ECUANET。这个选定的结构将为正在进行的共创性发展提供灵活的可持续基础，共创性发展反映出为获得成功其必须管理的课题的动态和有机形态。当其成员在本地综合发展解决方案时，它还提供考虑不同国家文化属性的机会。与此同时，它有可能获得并提供全球整合的、跨国性的且具有竞争力的企业学院解决方案。

工作方案简介

尽管在ECUANET的活动中可以设想出许多种共创性发展，但是首先需要建立两个核心流程，网络成员可以将这两个流程用作参考的通用框架。这两个流程是企业学院的综合结构过程模型以及行动研究过程方法和系统。

企业学院的综合结构过程模型以及行动研究过程方法和系统

在第一个层面，创始人的团队经思考指出，需要设计一个企业学院的发展过程模型。该模型将具有渐进的多功能联系，其中包含更传统的企业学院设计中发现的所有架构元素，以及那些在最新一代的企业大学中引用的所有架构元素。

通过这种方式，所有网络成员在收集、归档案例数据，并通过逐个元素评估最佳实践的时候拥有可以比较的依据。参与案例研究的公司将学习应用真正有价值和进化的战略管理过程模型，并将此类战略管理过程模型嵌入它们的组织中，以换取它们的合作。此外，通过反复使用这个框架过程，它们将有机会成为设想的企业学院预知最佳实践社区中的自愿的、有贡献的并且能获益的参与者。

接下来的挑战是寻找或设计行动研究过程的方法和系统当中的一个，以促进该过程架构的有效应用，通过使用这个过程架构可以开展进一步最先进的案例研究。为了真正有利于正在被研究的案例公司或组织以及新兴的企业学院网络，关键的一点是，所使用的研究方法应该不只是诊断法，这些研究方法应该是在更广泛的综合运用知识、学习和管理系统背景下有组织地制定的。从初步诊断阶段开始，人们可以看到逐步推进和探索新发展途径的潜力，这是一种包容性结果。

因此，最佳实践研究的范围，需要深入检验团体和个人的学术成果的质量，以及评估正在采用的过程。然而同样重要的是，最佳实践研究的范围必须涉及评估学院结构变量之间关系的影响。

这些咨询研究过程将被称为行动研究工具包（ARTs）。

希望进行质量有保证的证据案例研究的个人ECUANET成员，将接受国家和跨国网络管理人员在结构过程模型和研究工具包程序应用方面的教育并获得认证。

图4.1的万网之网指出了随着国家网络的建立及其与跨国结构相联系、跨国网络及其渐进式关系发展的起点。

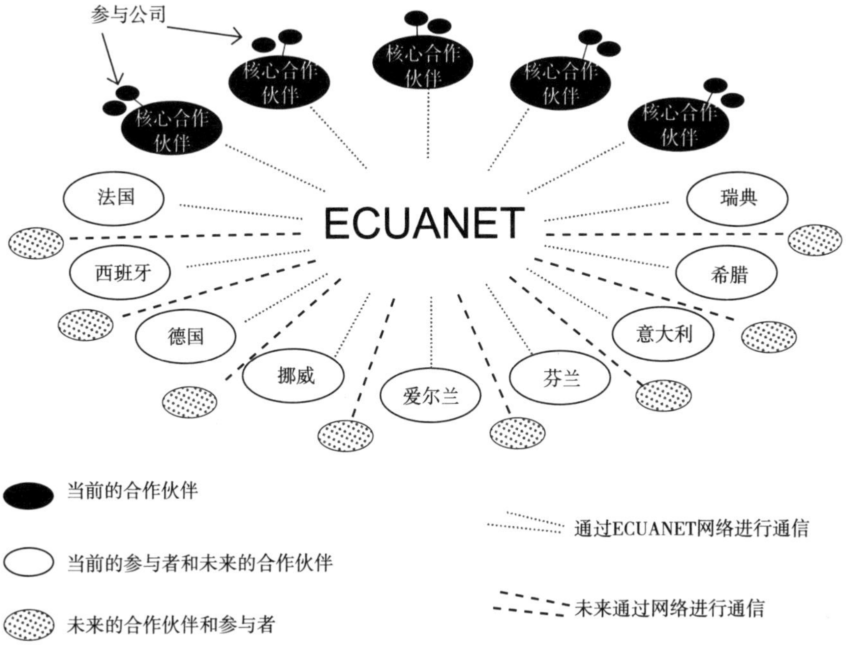

图4.1　万网之网

ECUANET合伙企业结合了现有的四个欧洲企业学院网络和一个跨欧洲组织。所有合作伙伴都是企业学院突破性思维和行动的领导，他们参与过学术和专业实践刊物的出版、数据管理、流程咨询实践和组织发展，无论是在现场项目还是在管理跨国项目方面都具有实战经验。

最初的合作伙伴小组提供了建立ECUANET的专有技术和地理多样性的重要承诺。随着ECUANET的结构出现，已经确定了以下补充管理技能资源组：

- 创始人集团；
- 管理和行政小组——展示所有的国家网络；
- 多个国家级网络组；
- 负责起草架构和调试开放或动态过程模型的职业经理骨干人员；
- 参与最终确定包括QA系统在内的研究方法的职业经理骨干人员；
- 经过认证的ECUANET核心研究助理发展组；
- 隐名合伙人，即各公司、大学、EC卓越中心和各政府部门。

由于隐名合伙人的多级结构关系，隐名合伙人的资源和能力是本项目中非常重要的一环。这些公司及其子公司提供了一个很好的案例研究机会，并有可能将最佳实践传播到多级供应链。ECUANET的知识库提供可以将其培养成更广泛、更深入的知识密集型经济网络的种子。ECUANET的知识库将吸引更多来自各个国家的成员，在这些国家，当地网络可以加入研究当中并在更远的地方进一步对研究进行传播。由于知识的积累，赞助方面将会得到更好的发展。

工作方案

表4.1列出了工作方案执行计划，该计划显示了24个月内八大主要工作链的时间安排和处理。表4.2详细描述了八个主要工作链的宗旨和目标。

表4.1　工作方案执行计划

月工作链	1	2	3	4	5	6	7	8	9	10	11	12	13	14	15	16	17	18	19	20	21	22	23	24
项目和伙伴关系管理																								
研究规划与发展																								
案例研究参与者的招募																								
将行动研究深入当前实践																								

（续表）

月工作链	1	2	3	4	5	6	7	8	9	10	11	12	13	14	15	16	17	18	19	20	21	22	23	24
最佳实践数据库和信息开发																								
网络开发和事件																								
最佳实践的传播																								
开发																								

表4.2　八个主要工作链的宗旨和目标

工作链1：项目和伙伴关系管理
宗旨和目标
※ 采用有效的管理结构、系统和流程建立项目和伙伴关系。 ※ 进程的有效监测和报告。 ※ 按预算和质量目标按时成功完成项目。 ※ 总体而言，宗旨是创建和维持一个合作性的跨国工作环境和文化，以提升组织的有效性并促进每位参与者贡献自己的力量、进行创新并实现工作的满意度
工作链2：研究规划与发展
宗旨和目标
※ 建立前沿的研究框架和程序，以便对企业学院和企业学院的设计、开发和管理进行案例调查，尤其是以下方面： ·对网络流程和结构、理论和实践进行案头研究，并选择适用于建立ECUANET、在未来战略性发展ECUANET，以及有效管理ECUANET的标准和管理政策。 ·对所有基于理论和实践者的评估方法模型及框架进行国际案头研究调查，并深入企业学院的设计、开发和管理当中。 ·制定和初步测试最佳实践研究过程模型——共同行动研究框架，所有跨国网络国家的ECUANET合作伙伴和分包商均可有效且高效地应用该共同行动研究框架。 ·根据过程研究模型或共同研究框架，针对每个合作伙伴建立详细的研究计划，以便在可用资金范围内实现最大的案例覆盖率。 ※ 调查研究数据和信息数据库基准管理中的最佳实践。 ※ 制订数据库开发计划，用于调试和管理最佳实践的实证研究结果及其基准

（续表）

工作链3：案例研究参与者的招募
宗旨和目标
※ 确保所选合作伙伴的员工接受有关于ECUANET认可的研究标准的全面培训，并且他们完全有能力担任行动研究工具包管理和应用的案例研究人员。 ※ 为了开展由合作伙伴监督的行动案例研究，合作伙伴从各隐名合伙人公司招聘案例研究助理，对其进行引导并授予其任职权限，同时从各大学和商学院招募其他案例研究助理，对其进行引导并授予其任职权限
工作链4：将行动研究深入当前实践
宗旨和目标
※ 确保所招聘的案例研究助理采用ECUANET工具包对其案例研究项目制订详细的计划。 ※ 确保案例研究助理根据规定的工具包程序以专业的方式与目标公司合作进行案例行动研究。 ※ 确保所有行动研究案例的结果都有完整的记录，并将这些结果传输到ECUANET最佳实践数据库。 ※ 确保在ECUANET最佳实践社区网站论坛上与其他案例研究人员和合作伙伴分享研究过程管理的有用经验和教训
工作链5：最佳实践数据库和信息开发
宗旨和目标
※ 设计和安装具有跨国和国家门户功能的强大的互动型网站。 ※ 购买和应用适合通过关键词和短语快速有效地搜索到研究结果的数据库软件。 ※ 与已经被评为包含有趣和价值知识资源的书目数据库建立实时通信链接。 ※ 与EFQM、EOQ和其他重点关注最佳实践不同方面的组织建立沟通新闻链接。 ※ 在企业学院管理过程中建立一个动态的实践社区论坛
工作链6：网络开发和事件
宗旨和目标
※ 成立跨国网络行政管控小组。 ※ 制定详细的战略和优先营销行动计划，以便与其他欧洲委员会成员国一起开发和推广国家网络中的ECUANET跨国网络。 ※ 通过ECUANET网络和文献，发布和宣传ECUANET的跨国性万网之网的目标和政策。详细介绍其政策、目标、联系方式、会员福利、参与研究的各种安排等。 ※ 建立和管理最佳企业学院和企业学院管理实践的ECUANET社区，并将其作为所有成员国均可访问的相关业务和人员发展的卓越中心。 ※ 共同创建一个由连接工作模式产生的高度协作的工作环境。 ※ 迅速扩大跨国骨干队伍，该队伍应有能力在企业学院管理最佳实践中进行评估性实地研究，并与各参与组织建立特殊关系

（续表）

工作链7：最佳实践的传播
宗旨和目标
※ 通过ECUANET和合作伙伴研讨会、圆桌讨论小组、研讨会、演示文稿、期刊文章、新闻稿、ECUANET网络以及区域和成员国特殊利益集团（SIGs），传播信息和应用标准，以设计共同研究框架模型。 ※ 为共同研究框架模型提供电子展示工具。 ※ 定期举办研究助理认证研讨会，讨论协同使用共同研究框架模型的问题。 ※ 通过ECUANET和合作伙伴研讨会、圆桌讨论小组、研讨会、演示文稿、期刊文章、新闻稿、ECUANET网络以及区域和成员国特殊利益集团（SIGs），传播与协作研究方法工具包有关的信息。 ※ 授予进入ECUANET世界级实时协作电子信息和知识交流—实践社区—公司和中小企业学院管理最佳实践卓越中心的访问权限。 ※ 采用公认的联网最佳实践方法设计和维护一个完全可持续通信、高效的跨国万网之网，致力于开发组织中各级人员的知识型资产
工作链8：开发
宗旨和目标
※ 组建区域和成员国特殊利益集团（SIGs）。 ※ 在企业学院的设计、开发、管理和绩效评估方面设计相关课程并发布一系列的高级讲习班。 ※ 发展ECUANET招聘和会员活动。 ※ 促进召开由ECUANET主办的年度专业管理会议。 ※ 促进在各个伙伴国家召开会议。 ※ 促进颁发公司、部门和中小企业级别的金牌奖。 ※ 与各大学和商学院合作，制定企业学院管理专业的资质课程。 ※ 培养一种学习领导力的文化，在这种文化氛围下人们可以测试自己在安全和保障方面的创新理念。 ※ 建立一个电子研究门户，为进一步发展概念思想和未来的公司管理理论提供机会

创建智能组织的动态

多年来，组织一直试图适应知识密集型竞争环境的动态。在这个过程中，有时候会采用一些初级方法，大多数时候采用零碎解决法来帮助组织和人员的发展。

正确组织和管理的企业学院提供了向前发展的机会，并创建了一个全面而独特的实用管理解决方案，该解决方案将推动组织实现其特殊愿景。从最高层次上看，它是一个积极主动的机构，通过这种机构，高层管理人员可以挖掘出其组织中基于大多数人的主要商业潜力，成为一个智能组织。该组织的文化偏向将智力发展视为一个社会过程和组织过程。

创建和维持一个充满活力的智能组织文化是一个全新的、持续的挑战，需要在设计和管理方面进行许多创新，因此，企业学院如果要提供必要的战略方向和思维型领导，那么企业学院干预的角色必须不断演变并主动发挥作用。

该组织的作用是共同创造性地响应组织赖以生存的特定的专题知识密集型商业环境。因此，它不仅是管理变革的代理机构：帮助、促进、启发、催化商业部门获取专题知识和学习新举措的机构，还应是一个快速的适应者，在涉及与商业发展和组织发展有关的新型举措方面不断自我进化。

ECUANET的职责是同所有参与这些重要的智能组织创新的组织进行合作，并通过在早期发布其计划，邀请面临这些挑战的人积极参与ECUANET工作链，从而在未来获取经认可的高级职业技能。

本章改编自以前发表的作品：理查德·迪尔特里.ECUANET——欧洲企业学院跨国最佳实践网络[J].翡翠工作场所学习期刊，2004，16（5）。

参考文献

欧盟委员会列奥纳多·达·芬奇项目[EB/OL].ECUANET——欧洲企业大学和学院网络.最终项目报告.

第五章

迈向需求导向学习的优化

- 简介
- 成果概要
- 产品和流程创新
- 项目成果
- 项目创新方面的附加值
- 跨国工作的贡献
- 项目伙伴关系和超出本项目范围的项目活动
- 项目的影响
- 项目开发产品的概况

本章总结了ECUANET项目——欧盟委员会列奥纳多·达·芬奇项目的管理执行情况和项目结果。

目的是将关键项目学习要点和成果作为未来需求导向型学习和发展的质量管理指南。

简介

七个核心合作伙伴（其中三个来自英国，另外四个分别来自比利时、丹麦、葡萄牙和荷兰）成立了一个致力于两年项目的团队，这个项目名为列奥纳多·达·芬奇，经批准后在2005年10月1日启动，项目出资人为欧盟委员会。

随着知识经济的发展，组织以需求为导向的综合学习管理及其创新的需求不断增长。ECUANET项目密切关注这些多学科干预的性质，因为人们知道在不同的组织和国家，采用这些多学科干预所取得的成效是不同的。该项目旨在通过理论和实践方面的结合，在既定和新兴的最佳实践基础上取得有趣的和信息丰富的成果。

成果概要

本项目的成果，包括项目的产品、调查、分析等所开展的传播活动以及对特定目标群体的影响如下所述：

ECUANET伙伴关系的形成和管理创建了一个高效的跨国合作伙伴网络，这些合作伙伴对企业大学和学院的设计、实施及管理方面最佳实践的发现、发展、传播和推广工作进行了有效管理。

由合作伙伴在www.ecuanet.info/partners/htm网站发起的项目管理系统显示了该

项目管理过程的全面协调和沟通功能。

进一步的跨国网络联系已在目标组欧洲委员会成员国建立，并且ECUANET与欧洲各组织（如EABIS、G-ACUA和GBN）之间建立了联盟。另外，项目组任命的两位专家评审员的跨国分析报告显示该项目已经取得了相当大的进展。

基于蓝图分析器模型形成了案例研究审计工具包和过程方法的“工具箱”，伙伴组织和相关组织利用这个“工具箱”，对18个组织进一步发展的现行做法和计划的优缺点进行了行动研究。

专家评审员分析报告描述了案例研究阶段的管理情况和成果。核心合作伙伴在管理案例工作关系方面学习的反思性陈述，为获得项目管理学问做出了进一步的贡献。

已经在欧洲范围内建立了一个关于最佳实践的案例研究信息交流和数据库资源，为具有培训需求的企业大学或学院管理方面的专业能力确定管理实践、技能组合和资格。

就提高持续职业培训质量和获得持续职业培训的项目目标而言，18个组织的案例研究和新创建的项目文献数据库表明：开发和引入创新及具有工作启发性的学习过程和知识获取技术是实现这一目标的基础。

项目合作伙伴已在各种情况下确定了这种干预的范围，将其作为一个参考点，以便于未来成员国可以定制采用。

实证研究工作为参与案例研究的组织提供了发展过程综合图，以便这些组织衡量和建立综合学习及需求导向型发展的协同作用，从而帮助其在未来形成最佳实践。优质服务事项（QSMs）关系管理过程模型的结果证实了核心合作伙伴管理这种高要求的互动关系的效率。

在组织流程、人员和学习技术基础设施以及外部教育和学习准备联盟方面，该项目的优先事项涉及“提升职业教育和培训（VTE）系统及实践的质量”，促进了基于证据的关键绩效指标（KPI）的制定。关键绩效指标显示了如何有效地管理和满足组织及个人的学习需求，还说明了创造更好的学习机会和取得预期学习成果的价值，侧重于衡量学习者的成绩质量。

产品和流程创新

与实现这些目标有关的具体处理情况和发展是：

- 案例研究；
- 跨国网络——核心/新联系人；
- 行动研究和评估基于浏览器的蓝图工具包；
- 跨国项目管理系统；
- 行动学习实践调查；
- 关于各企业大学和学院的国际信息数据库的建立；
- 优质服务事项的关系指标；
- 专家评审员关于以下两方面的报告：案例研究工作和跨国网络的建设；
- 关键绩效指标；
- 最佳实践摘要。

分析

案例研究结果已经过审查，并与欧洲主要资料来源中出版的专业文献进行了比较，建议合作伙伴进行讨论。这些合作伙伴将推荐一些标准，以帮助在未来制定正式和非正式的需求导向型学习课程以及终身学习策略。关于这些讨论结果的报告将作为成员国的监测参考资料在ECUANET网络上公布。

项目成果

就所取得的成果而言，本项目实现了目标，尤其是关于提案中定义的10个工作包的执行目标。本项目制订的工作方案取得的成绩如下：

i. 订立了全面契约且具有凝聚力的伙伴关系框架。

ii. 构建了欧洲跨国网络，旨在发现、传播世界一流企业大学或学院知识和最佳实践。这是通过发展强大的跨国合作伙伴团队来实现的，这些合作伙伴致力于实现职业培训中的所有欧洲发展链，以支持2004年12月14日发布的关于加强欧洲职业教育与培训合作的未来优先事项的《马斯特里赫特条约》，该条约与旨在提高职业教育与培训的绩效、质量和吸引力的《哥本哈根宣言》相关联。

iii. 在企业大学或学院领域的欧洲最佳实践中，建立个人、团体和基于网络的信息交流高质量的沟通渠道。

iv. 创建了一个综合学科和文献数据库并进行了文献调查。

v. 核心合作伙伴在行动研究方法方面接受过培训，从而使它们能够在提案中确定的代表性组织样本中开展研究。

vi. 开展了基于证据的行动研究并就当前做法编制了案例研究记录，确定了关键决策领域、在做出决定时考虑的相关问题和因素、行动计划以及这些决策带来的影响。

vii. 确定了在企业大学或学院管理方面具有潜力的专业人员的技能组合、能力、培训需求和资格。

合作伙伴单独或共同确定和评估了大型组织和中小企业（SMEs）协作联盟中，公司学院设计、结构、实施和管理的各个方面的有效性。现在，这些组织可以通过运用自身积累的知识来确定它们的需求并确定绩效改进的优先事项，以事先了解采用最佳实践的好处，识别和检索用于规划和做出决策的质量信息，并确定培训和职业资格需求的开发。

合作伙伴为本项目提供的资金占非欧洲委员会出资部分的50%，它们是通过自己的财力和一些匹配基金来完成这部分出资的。

（i）蓝图研究工具包资金和（ii）跨国网络发展计划的拓展有关的原始预算提案，在变更后以列奥纳多·达·芬奇项目国家机构批准的合同修订提案的形式提交。

事实证明，项目提案中估计的案例研究涉及的时间标度被低估了。这主要由案例公司人员的可用性、不同组织资料来源中提供的信息以及影响评估在每种有限决策要素中的引用等因素导致的，这些因素强化了调查结果，但并未被纳入初始提案中。

由于收集的具体案例信息在某种程度上侧重于职业教育与培训的创新发展，以及为获得竞争优势而进行的学习管理，所以研究信息和数据的机密性也促进了过程开发。应案例公司的要求，在两个层面引入了受控披露信息系统：i. 案例研究摘要最初是作为非属性化摘要发表的；ii. 关于这些简单的补充信息的请求将通过项目协调员和特定案例的核心合作伙伴发送，然后再通过案例公司发送。所有公司都同意参与这种最佳实践调查的路径选择，且合作伙伴不会预料任何传播问题，而是将这个发送途径视为通过知识交流建立网络的积极方式。

项目创新方面的附加值

对全世界范围内的企业大学或学院的投资情况编制了一个数据库，并对这个数据库进行了评估，该数据库为欧洲不断发展的各种最佳实践提供了一个全球知悉的背景。显然，欧洲在人员和组织发展方面采用和管理这种创新的情况落后于美国好几年。然而由于更加密集的导向型学习的需求，有迹象表明：与近年来的情况相比，这一概念的解释更为灵活，采用范围更广，理解更多。

本项目的主要价值在于它证明了这是一个需要新思维和原创思维的发展领域，而不应被误认为是一种更典型的经常被当作万能药进行销售的管理技术。这意味着我们必须获取和学习与过程及知识相关的学科。通过进一步实施赞助过程，本项目表明：通过培训和发展来促进传播的质量专有知识将逐步加速其在新目标领域和部门中的应用。

对案例工作进行分析，通过比较企业大学和学院设计与管理的各个方面，结果表明：成功的企业大学的逐步发展必须是一个创新的过程；每个企业大学都必须就特定组织学习需求这一现实问题呈现并提供解决方案，以便在全球竞争环境中维持商业运营。

蓝图研究工具包架构既复杂又强大，反映了企业大学的真实特征。如果对它加以灵活运用，会在识别和管理大量可能影响战术和战略性新学习的质量及相关性的变量方面起到主要的创新作用。

案例研究结果清楚地表明，在构建过程中以及其决策和管理过程的各个方面都需要创新。同时还表明了哪些决策领域是尚未考虑的，哪些决策领域是至关重要的，这些结果往往显示出视角和知识方面存在的差距，且我们需要更多地拓展思维。

调查结果在创新采用和传播的“S”曲线上的市场定位表明，最佳实践结果需要由合作伙伴网络通过国家协调会议和活动连续传播，以促进人们对这一概念有更加广泛的理解。

本项目的调查结果现在已成为参考点，我们希望本项目能为组织提供灵感来源，帮助组织提高持续的需求导向型职业培训的质量，改善并获取需求导向型职业培训的途径，并将为更新和改进职业教育与培训中的学习与教学，以及基本技能传授的形式创造一种环境。它还将为质量管理、衡量和评估，以组织为基础进行学习和从外部买入服务的影响提供更加明确的依据。

跨国工作的贡献

跨国干预的本质是对于采纳最佳实践建议的欧洲组织而言，它们将更快地从企业大学在北美和其他竞争对手国家（如中国和印度）的投资中获益（这些投资已经带来了收益）。

在欧洲，将现有的以国家为基础的企业大学或学院网络之间的知识联系起来，并协助成员国组建新的企业大学或学院，以便更迅速地获取最佳实践，传播范围也更广。

核心合作伙伴的商业组织和综合案例研究经验的多元化已经成为一种丰富多彩且有益的经验，这种多元化在几个成员国之间从大型企业公司到高等教育部门、慈善组织、多公司协作集群、国家政策驱动的干预措施等方面均有所体现，这让人们在分享、比较和对比学习与知识管理方法的同时也懂得尊重差异。

人们认为，欧洲国家与美国文化差异问题，是导致难以在成员国解释和应用更具战略性及整体性的企业大学商业和人员发展概念的因素。从跨国或全球竞争的角度来看，它提出了一个问题：地方或国家文化在多大程度上有利于提升采用培训和教育创新的速度及质量，何时或在多大程度上文化（无论在当地多受青睐）可以减缓这一过程。

在ECUANET项目中，最佳实践已经呈现出全球视角，人们认识到必须仔细考虑地方和国家文化影响和适应性的获得感。

ECUANET项目管理系统在一开始就创建了，并随着项目的推进而得到补充，它无疑是每个核心合作伙伴管理其跨国投入和产出的关键参考点。七个核心合作伙伴的定期电话会议、项目委员会会议，以及其他建设性活动和传播行动都是管理系统的一部分，该管理系统为项目的进展绘制了清晰明确的图景。其中两次董事会会议是在非核心合作伙伴代表国，即捷克共和国和匈牙利举办的。

在项目期间，各合作伙伴在管理其国情和充分利用跨国项目背景中的固有利益方面都学得很快。每个合作伙伴都取得了不同程度的成功，这些成功可以通过它们对结果的贡献来衡量。然而，它们愿意援助并了解该课题动态的意愿，就很好地说明它们对这种形式的研究的投入，毕竟，援助和了解课题动态也需要以更高的成本调动资源。

在列奥纳多项目期间，合作伙伴网络根据以往的项目经验提出并制订了维持跨国网络和累积知识存储的计划。在这两年期间之外的远期规划是合作伙伴关系发展战略的重要组成部分，因为企业大学或学院如果要应对知识型经济环境所固有的挑战，就需要通过在以外的时段引入重大投资。

项目伙伴关系和超出本项目范围的项目活动

现在，人们已经掌握了关于跨国网络连续性及其知识资源演变和向未来传播的各种战略选择与建议。所有合作伙伴都从可行的商业模式角度提出这些战略选择与建议，因为这些战略选择与建议可以在每个合作伙伴的特定财务状况和工作计划情况下执行。

目前的传播活动确定了合作伙伴投资的规模和范围以及致力于维持项目推动力所需的资源。各合作伙伴将寻求联网可能性和行动研究项目，目的是进一步深入了解终身学习以及业务战略与人力资源战略之间的相互关系。

但是，具有国家和跨国意义的政策和结构存在一些障碍，这些障碍是各合作伙伴在更广泛的环境中即使借助资源能力也无法克服的。然而，合作伙伴拥有从它们的ECUANET项目工作中获得的知识，这些知识可以帮助它们提出和推荐各种政策性解决方案，这些政策性解决方案将加快最佳实践的传播，使本企业和中小企业学习及职业教育与培训的创新，有机会在欧洲发展成为真正的世界级的创新。

一份关于在使用知识创造财富的过程中，所面临的传统智慧和思想、政策形成、提议和行动等挑战性质的陈述中对这个问题进行了总结。评论如下：

许多国家的工商业对新的、竞争更加激烈的环境的适应能力因体系不完善和缺乏如何实现这种转变的专门知识而受到限制。公司、部门和机构迫切需要对结构和实践从根本上进行重新定位，以使这些结构和实践与知识创新驱动的市场动态更加匹配并更具响应性。（参考文件《世界银行基础设施》附注“体系建设与人力资源开发”）

合作伙伴建议在2008年初召开欧洲委员会列奥纳多项目ECUANET赞助会议，讨论并提出克服这些障碍的建议，并大力采用传播过程，以利于各成员国的发展，使其成功应对全球竞争中迅速升级的挑战。

项目的影响

本项目之后还会在以下方面产生影响：

· 对从各个角度评估跨国联网和信息交流对职业教育与培训产生影响。

· 对研究过程及最终使人们深入了解行动研究方法和改进最佳实践的研究结果产生影响。

从各个角度评估跨国联网和信息交流的有效性

上述定义的传播描述了所有核心合作伙伴开展的传播活动，这将对其客户、员工和会员组织在本地和更广泛的地区产生重大影响。从传播概况来看，合作伙伴正在扩展其网络和会员服务，以利用项目学习经验和调查结果，这些更广阔的网络将直接受益于通过ECUANET项目的研究及结果所显示的机会和信息。

在项目期间，成员国的许多公司被邀请加入本项目，但由于受资源限制、运营或时间原因，它们无法参与。但是，这些公司中的许多公司已经就持续利益进行了注册，它们将成为扩展网络的一部分，扩展后的网络将接收此后公布的与项目成果有关的新闻简报和更新信息。

研究发现，在欧洲，企业大学概念的采用受到一些国家机构和成员国更广泛背景下对命名和结构考量的限制。因此，ECUANET建议在2008年初召开顶级欧洲委员会政策会议，以审查可以采取哪些措施来缓解这些问题领域，这将使对重要人员和组织发展创新的制约因素及障碍变得更加突出。这种观点将有可能建立起机构间的合作政策和基础建设，这些合作政策和基础建设的规模和质量发展迅速，使得这一创新在北美、中国和印度广泛传播和崛起。

公共和私营部门将在实现向知识时代思维方式可持续转型过程中，就教育领域和职业教育与培训领域，加强对企业大学概念的理解，增加企业大学概念及其价值的清晰度。

研究过程及最终使人们深入了解行动研究方法和改进最佳实践的研究结果

对于一些进行行动研究的ECUANET核心合作伙伴来说，这是它们第一次使用蓝图方法使得学习曲线具有不同程度的梯度。它们的组织正在被传授关于同时处理多个任务的丰富经验，这些经验将对未来的会员和客户工作形成一定的影响。

提供关于当前实践证据的互动过程使案例公司不得不重新思考，它们应该做什么以及如何做，才能改善教育组织、管理、需求导向型学习和职业教育与培训的质量及途径。这个互动过程是以提问开始的，问题是关键决策领域所覆盖的相关视角和变量的范围是什么，以及关键决策领域涉及哪些方面。根据ECUANET以前的研究和经验开发的蓝图，架构定义了一个全方位成功运营的企业大学和一个成熟的企业大学中必须管理的变量集群。从这个最后阶段的角度来看，已经参与了案例工作的案例公司现在可以认识到所需的定制化服务的范围。这使得它们对所有能够提升学习和培训质量的因素有更全面的了解，同时，它们对这些因素的更全面了解可以战略性地引导其学习相关性。

现在有一个工具包框架可用于评估这些因素，采用这种工具包框架，各组织可以对企业大学概念和实践发展中的定位进行自我评估和同行评审。此外，还有一个框架模型，通过使用该模型，可以更有效地管理中小企业学院的成立和实践创新。学院式的干预措施在行动研究中占有重要地位，并确定了多企业合作与协调的力量和益处。这些调查结果将为未来中小企业的成功设计和管理带来很大的帮助，这是所有成员国的重要发展方向。

项目开发产品的概况

- **项目网络。**名为：ECUANET在新学习和竞争优势中创建世界级网络。www. ecuanet.info。
- **项目宣传册。**名为：ECUANET在新学习和竞争优势中创建世界级网络。在所有地方和国家会议、特殊利益集团及其他主办会议上发表和分发。
- **项目管理系统。**项目协调员设计并开发了一个综合项目管理系统（PMS），根据该项目的具体需求进行定制。
- **最佳实践的数据库管理。**该项目的主要目标之一是创建一个独特的最佳实践管理系统和数据库，信息层次现已完全嵌入最佳实践管理系统，其形式为：（i）包括关键绩效指标在内的最佳实践总结报告；（ii）无归属摘要；（iii）可归属摘要；（iv）蓝图案例研究基础信息。

- **最佳实践数据库**。在项目期间调查的18个案例研究提供了极好的信息资源，该信息资源对以前的研究工作进行了补充，并提供了关于如何解释和发展企业大学概念的独特知识体系。
- **行动研究工具包**。工具包1——研究前使用的工具包；工具包2——蓝图分析器；工具包3——研究后使用的工具包。这三种工具包已经设计并发布出来了，它们是围绕基于浏览器的企业大学蓝图分析器的应用制成的。
- **企业大学管理学科的培训**。本项目现已生成大量信息，这些信息可用于设计和实现世界一流的企业大学管理课程，采用与基于工作的综合学习相关的学科培养出一批新的管理队伍。

本章改编自以前发表的作品：理查德·迪尔特里，K.霍华德.向优化需求导向型学习迈进——2005—2007年ECUANET列奥纳多·达·芬奇项目[J]. 翡翠工作场所学习期刊，2008，20（3）。

参考文献

佚名.研究确定了最佳实践的企业大学[J].质量进步，1998，31（7），12：1.

阿农 M.企业大学：关于挑战和最佳实践的看法[J].国际职业发展，1998，3（5）.

布拉斯 E.企业大学的兴起和崛起[J].欧洲工业培训期刊，2005，29（1），58：17.

鲍克斯奥 P，珀塞尔 J.战略和人力资源管理[M].伦敦：帕尔格雷夫·麦克米伦出版社，2003.

蔡斯 N.企业大学的经验教训[J].特洛伊品质，1998，37（6）：120.

迪尔特里 R.企业大学实现综合绩效管理[J].翡翠工作场所学习期刊，2005，17（1/2），65：14.

埃穆迪 D，阿贝比 M，尼克罗西 M.大学与企业之间战略联盟的概览[J].翡翠工作场所学习期刊，2005，17（1）：115- 129.

富尔默 R M，吉布斯 P A.企业大学的终身学习[J].国际职业发展，1998，3（5）：177.

戈梅斯 J F S，胡梅琳娜 P，阿玛拉尔 V，布洛姆奎斯特 K.管理科学共和国与工业王国的关系[J].翡翠工作场所学习期刊，2005，17（1）：88– 98.

霍兰地 P，皮曼 A.企业大学：战略性人力资源开发的催化剂？[J].欧洲工业培训期刊，2006，30（1），19：13.

霍曼 G，麦克弗森 A.企业大学的电子学习[J].欧洲工业培训期刊，2005，30（1）：75–90.

霍曼 G，麦克弗森 A.企业大学的电子学习[J].欧洲工业培训期刊，2005，29（1），75：16.

詹辛克 F，夸克曼 K，斯特雷默 J.知识生产型企业大学[J].欧洲工业培训期刊，2005，29（1），40：18.

李 T.罗杰创新扩散模型的应用[J].应用护理研究，2004，17（4）：231–238.

麦克弗森 A，费曼 G，威尔金森 K.在企业大学中实施和使用电子学习[J].翡翠工作场所学习期刊，2005，17（1）：33–48.

马哈詹 V, 彼得森 R.创新扩散模型[M].加利福尼亚州千橡市：Sage，1985.

迈斯特 J.寻求终身就业能力[J].商业战略期刊，1998，19（3），25：4.

迈斯特 J C.企业大学：创建世界一流劳动力的经验教训[M].伊利诺伊州：Irwin Professional，1998.

摩尔 T.企业大学：转变管理教育[J].萨拉索塔会计视界，1997，11（1），77：9.

佩顿 R, 彼得森 G，斯托尼 J，泰勒 S.企业大学发展手册[M].伦敦：高尔出版社，2005.

皮克 M.走向商业化！[J].管理评论，1997，86（2）：5.

罗德麦克斯 M.企业大学：知识创新的动力[J].翡翠工作场所学习期刊，2005，17（1/2）：130.

瑞安 L, 莫里斯 R.设计和管理战略学术联盟：澳大利亚大学的经验[J].翡翠工作场所学习期刊，2005，17（1）：79–87.

桑德斯 W.企业大学[J].教育网站评论，1998，33（5），58：2.

舒勒 R，杰克逊 S.战略性人力资源管理[M].牛津：布莱克维尔出版社，1999.

塞比尔 L，罗素 D.数字媒体U中的课程设计和管理《将企业大学概念应用于商业子行业》[J].翡翠工作场所学习期刊，2005，17（1）：24–32.

史密斯 E.能力社区：工作场所的新资源[J].翡翠工作场所学习期刊，2005，17（1）：7–23.

斯穆喀.开放式远程教育和学习[J].技术、教学与教育期刊，1992，1（1）.

斯顿夫 S.未来的企业大学[J].国际职业发展，1998，3（5）：206.

泰勒 J，费纳姆 A.在工作中学习[M].英国：帕尔格雷夫 · 麦克米伦出版社，2005.

沃尔顿 J.人力资源开发.战略性人力资源开发，伦敦：培生教育出版集团，1999：412–437.

沃尔顿 J.真正的企业大学会崛起吗？[J].欧洲工业培训杂志，2005，29（1），7：14.

尤勒斯 M.组织情报[J].翡翠工作场所学习期刊，2005，17（1）：99–114.

祖伯 · 斯凯里特 O.个人知识管理的价值观和行动模型[J].翡翠工作场所学习期刊，2005，17（1）：49–64.

第二部分

考虑设计因素

第六章

企业大学管理的学习曲线

- 企业大学中的趋势——整个欧洲的情况
- 企业大学学习曲线
- 需要吸取的学习管理经验
- 奋勇向前——管理学习型领导

本章回顾了这个旨在帮助公司、区域发展组织和大学逐步形成并分享它们对积极企业主导的企业大学概念的看法。

企业大学中的趋势——整个欧洲的情况

许多公司、组织和个人在对企业大学概念的思考和应用上正处于不同的发展阶段——他们都处在学习曲线的某处。然而，这不是一个非常明确的学习曲线。对于那些打算在寻找自己独特的公司解决方案、掌握其特定业务部门中所有重要业务诀窍的组织来说，这将是一种非常不同的学习曲线的体验。

人们已经认识到，这将不是一条简单的学习曲线，哥本哈根商学院应用管理研究中心（CBS-CAMS）正在沿着企业大学学习曲线向公司提供帮助。它们在其所在国家和区域建立了一个促进研究和联网的框架，以协助思维的演变和这些基本能力的实现。

它们的“企业大学趋势”会议会集了来自工业界、政府和学术界的广泛的高级管理人员，他们都对基于组织的学习、知识管理和管理教育的未来方向、管理和质量标准有着浓厚的兴趣和第一时间的关注。

会议由哥本哈根商学院继续教育中心的Laurid Hedaa教授、CBSCAMS机构的总裁Peter Stolt主持。这次会议的一个重要目的是促进建立丹麦企业学院组织伙伴关系协会（DACA*PO）。

这是在会议上的第一次介绍，并确定了所有DACA*PO代表可以在其中审查企业大学概念所暗示的发展和文化问题的背景。由于应以创新的方式对待这一主题，如果不是以创造性的方式进行，则在准备演示文稿时，应为每个人提供一个以全新的方式思考的机会。

本章主要侧重于激发新思维机会的方法，以及被认为是成功管理这一转变的重要反思点。

企业大学学习曲线

要求会议代表考虑一个典型的学习曲线（Dealtry，2001），并考虑他们或他们的组织在这条教育学习道路上所处的位置。他们各自在曲线上的位置是通过一个前沿模型的概念来表示的，在这个例子中，是指“管理学习者——门”，在这个概念之上有一个新的商业模型景观，它包含了企业大学概念的所有属性和现实情况（见图6.1）。

当前的挑战是为他们的公司全面描述这一概念，并将其作为组织中的思想共享和规划基础，以进一步发展内部和外部的智力伙伴关系。

图6.2表明，除了管理学习者——门之外，可能还有第三种教育模型，它可能包含模型一——传统教育模型和模型二——传统公司培训和发展模型的要素。

表6.1（小组A和小组B）分别描述了定义模型一和模型二的特点。

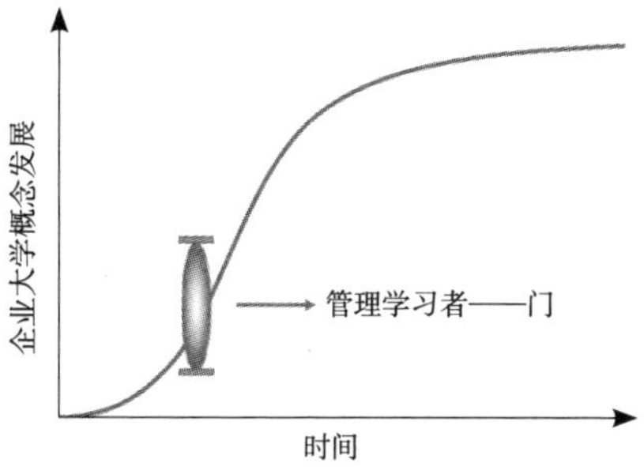

图6.1　典型学习曲线

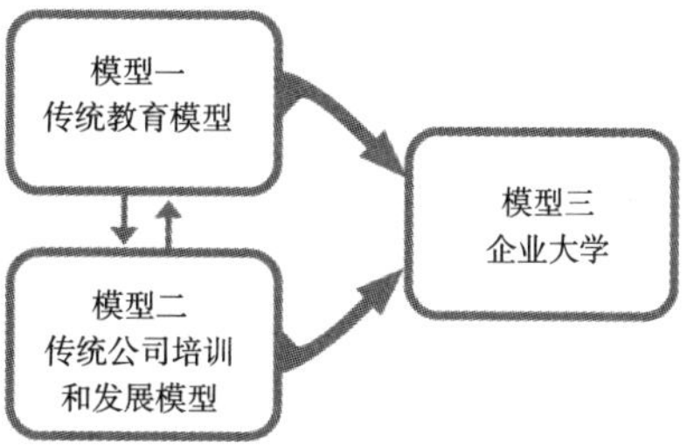

图6.2　关于教育模型离散条件的思考

表6.1 模型一——传统教育模型和模型二——传统公司培训和发展模型

模型一：传统教育模型	模型二——传统公司培训和发展模型
小组A ※ 教育阶段或步骤 ※ 通过机构传递 ※ 高度结构化课程 ※ 有序的学习者小组 ※ 知识的守卫者 ※ 做出所有决定的机构等级制度 ※ 奖励有内在价值，而且是可变的	小组B ※ 业绩改进和管理发展 ※ 通过特定职能部门：培训部/人力资源部传递 ※ 以模块为重点：满足组织需求的特定内容 ※ 根据确定的需求和潜力选择小组 ※ 知识是以商业经验为基础的 ※ 功能控制的 ※ 奖励是不确定的，与职业机会、薪酬待遇有关 ※ 不强调正式资格

会议目标是建立关于模型三的新观点

- 模型三与模型一和模型二是非常相似，还是具有较大差异？

关于模型一和模型二在企业大学干预中的作用，还有许多问题有待解决，在通过管理层的学习者向学之门迈进之前，必须提高对它们之间可能的联系和协同作用的理解水平。

例如，模型一和模型二是相互竞争的还是互补的？在企业走向卓越方面，是否存在与组织目标相关的主题问题？它们有什么相似之处和不同之处？它们目前的关系如何？管理这两个世界需要什么样的沟通技巧？它们各自的成本效益和投资回报如何？与模型三相比，它们的优势和弱势分别是什么？

- 模型一+模型二=模型三吗？

理解这一等式的有效性或无效性是沿着企业大学学习曲线迈出的“人类第一步”。

过去在多大程度上预示着未来？

图6.3阐明了组织和商业环境中越过管理学习者——门的关键问题领域，经验和研究表明这些领域是成功进行决策的重要领域。这些问题领域的变化对特定战略条件下优化模型三的教育属性和智力属性具有十分重要和关键的影响。如果对它们的相对重要性进行评估，并对这些战略适应性学习动态进行管理，则可以制定模型三。

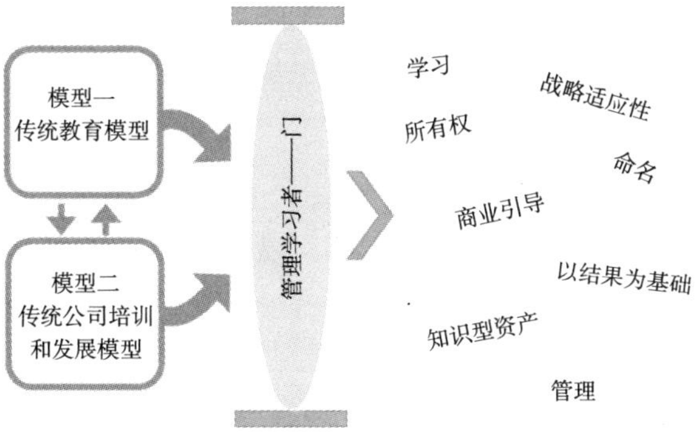

图6.3　动态场景——优化模型三

为了实现这一点，一些管理准则可为评估模型一和模型二的特点及其潜在的衍生物的相关性，以及改变新型先进商业引导性学习范式提供一个框架（见图6.4）。

图6.4　管理绩效和潜力

例如，除了管理学习者——门之外，持续地投资目标必须保持在个人和组织的有效性以及能力发展上。

智力开发实践必须与企业的战略智力目标相一致，如图6.5所示。

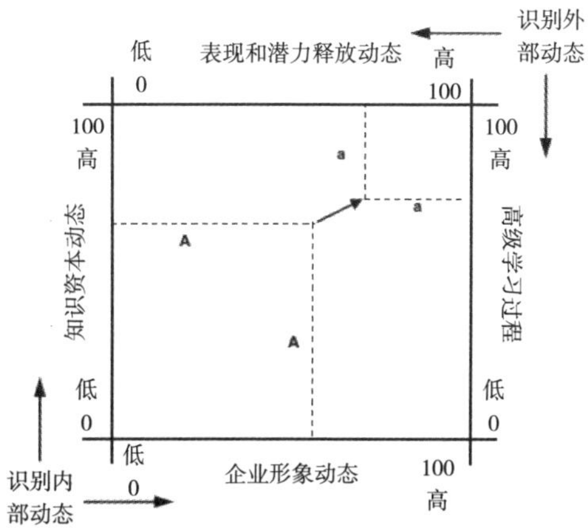

图6.5　发展差距分析——知识实践和知识目的

有一个变化的背景正在改变学习和领导行为（见图6.6），从良好的秩序和合作——“被驯服的行为”变为由企业和自由智慧主导的大脑活跃的行政行为的商业文化——“驯服非理性行为”。

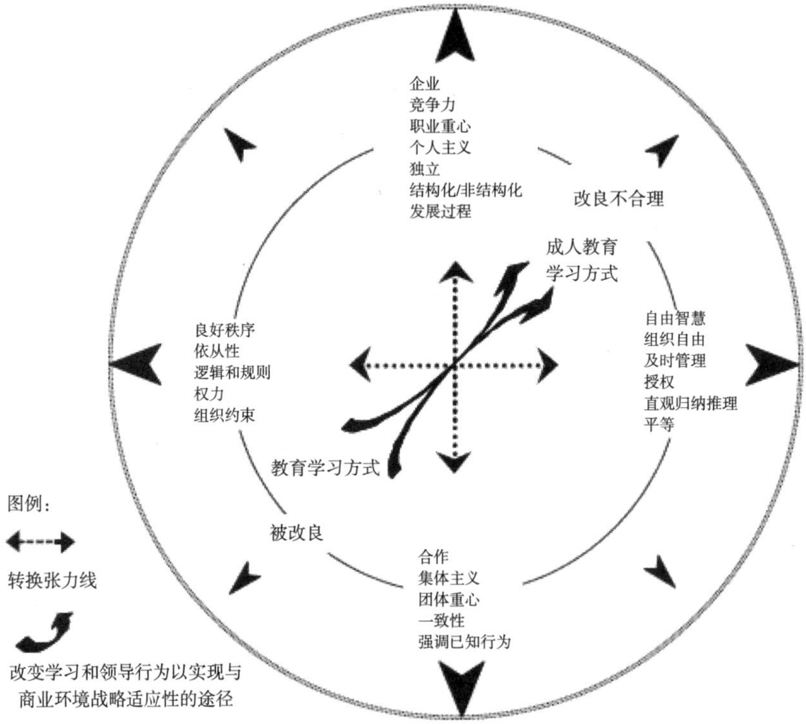

图6.6　改变学习和领导行为

模型三的环境从简单的技能和能力观念转变为管理环境。在管理环境中，企业战略的很大一部分是由机会创造的，其基础是严格的战略学习需求评估和高度适应性的高级学习能力。

这些模型的形象化和交互作用使管理者能够客观地了解当前的教育思维定式及超越大门的紧急可能性。这些观点有助于了解新的及延伸的有关未来能够实现或应该强调的心智模型。超越管理学习者——门的任务是择优挑选和创新，以优化围绕企业面临的发展问题的模型三。

这使得人们认识到企业大学干预的原因和首要战略要务是定义模型三，也就是确定“菜单”而不是“吃饭”。

需要吸取的学习管理经验

表6.2列出了许多关键主题领域，这些领域将有助于为解决图6.3中确定的每个主要脉冲问题制定政策和目标。

另外，对管理层的学习之门的角度而言，必须从对模型三的潜在贡献来评估和考虑对成功的所有影响。这些动态的独特组合将在每个组织中塑造模型三的设计和有效性。这些学习活动代表了新的学习领域，必须由管理层来完成，以便更好地理解他们想要的知识型企业，并最大限度地利用企业大学理念的内在好处。

表6.2　脉冲问题动态——影响模型三

学习 课堂式学习 体验式学习 行动学习 电子化学习 分布式学习 终身学习 学习基础架构 学习资源 外部提供	**战略适应性** L C 实时 识别和纠正问题动态 平衡人力资源投资能力 谁应该学习、学什么、怎么学、在哪学和何时学 学习联盟	**所有权** 高级管理层 人力资源职能 培训和开发 公司事务部 组织 内部/外部 管理委员会 独立机关 干预策略	**命名** 学习组织/公司 企业大学 企业管理学院 （商业部）学会 公司管理学院 “工业”大学 “品牌”
企业主导 企业需要 组织需要 人员绩效需要 人员能力 竞争地位 竞争目标 股东期望	**以结果为基础** “快乐”表 评估准则/标准 绩效反馈 质量保证 实际任务 偿还 投资回报 优惠率知识 知识收获	**知识资本** 内部观点 外部观点 差异 商业部门中的知识型领导 知识产权	**管理** 模型三目标 干预战略 定义属性 品牌化计划 参与和沟通 时间标度 寻找资源 项目管理

图6.7说明了可以纳入管理良好的企业大学问题组合中的客观顺序，而“企业大学蓝图”是为促进这种未来国家战略学习能力而引入的管理过程方法。

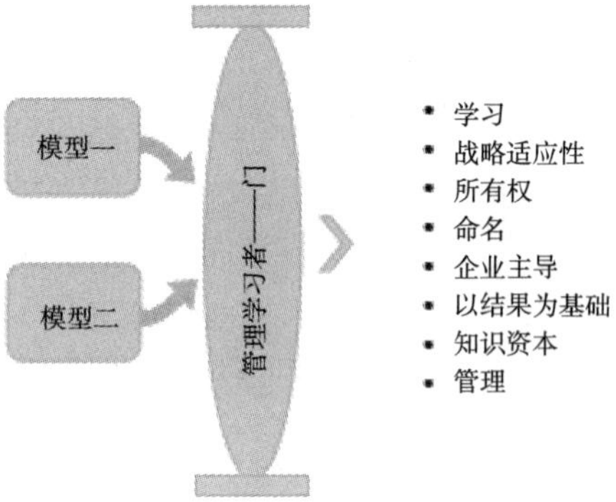

图6.7 模型三整合

奋勇向前——管理学习型领导

公司会议代表对他们目前的企业大学（更普遍的名称为“企业学院”）发展计划及其在学习曲线上的定位发表了许多有趣的意见。

一些人表示，目前他们只利用了这一概念中现有潜力的一小部分，并且处于曲线的初始部分。然而，商业环境迫使他们为解决在学习之门的另一边发现的问题中取得发展和收益。

在其他一些公司的情况中，模型二在很大程度上仍然有效适用且无缺点，但有一个新名称。他们的陈述有助于加深关于影响问题变化现实情况的理解。

这些包括与员工保持力及公司形象作为第一选择的雇主有关的因素，对于更广泛的分布学习机会及高级管理层对知识型工作和新学习环境所有权和承诺是非常重要的。一位代表强调了后一点问题，该代表表示：如果高级管理层认为企业学院代表了一种奢侈或声望，那么他们就已经完全“失去了立场”。我们今天在发展和管理我们员工的方式上所做的改变，是现在任何一家公司能够为辉煌或悲惨时期做出的最重要的投资。

过程和潜力反思点

认识到为每一家公司制定模型三的需求是非常重要的。这是企业大学发展的第一个战略步骤。它必须利用模型一和模型二的优势，可能会在不同的环境中使用它们，或者以更有创造性和更灵活的方式使用它们。因此，参与管理这些过渡的人需要将学习和重新学习作为其职业发展的一部分。

企业大学的最终目标应该是在帮助工作人员和实现他们的抱负方面发挥非常实际的作用；在以前的管理时代，这被称为“工作丰富化”。它本质上是要与个人的动机和他们实现一种新的、更具启发性，以及更好的工作方式的愿望联系起来，并使他们有机会在一个安全的学习环境中励志地思考。在这个环境中，他们能够充分表达自己的能力。

学习曲线路径是一种渐进的动态，它可以推动当前问题的发现和解决，而且对尽可能清楚地知道你想达到的层次是有帮助的。蓝图模型三过程模拟可以大大加速这一过程，并提供方向，而不具有指令性。蓝图模拟创造了完整过程和必须采取的执行行动的共同心智图像。它们阐明了参与这一干预的许多发展链之间的相互关系和依赖关系，并确保有一个可在各级访问的高效论坛交流。

如果选择的战略是模型一和模型二，那么在转移或区分这两种模型的过程中都存在重大障碍。主要障碍与组织、结构和奖励机制有关，而不仅仅是内容或能力。组织变革对新思想的障碍是众所周知的，令人感兴趣的是哥本哈根商学院的学术和商业中心结构，而不是过于常见的学术分化与行政职能结构。

思想引领显然是支撑这一商业发展平台的重要一环。企业大学是一种组织干预，要求每个人真正致力于以不同的方式造福人类。

学习曲线早期的进展可能充满了情景语义的变化，当不同的世界发生碰撞时，这种变化并不少见。然而，仔细对比上届政府、学术界和公司联合项目的研究成果，就有许多并不重复且可供借鉴的有益案例。

这次会议展示了DACA*PO的领导才能，因为他们在管理公司大学学习曲线方面朝着企业大学最佳做法和进一步专业发展方向的新愿景迈进。

教育模型一、模型二和模型三为过去、现在和未来的讨论提供了一个积极的舞台，并证明商业教育的界限确实在流动和向外迁移、跨越及合并，为终身学习和持续职业发展提供了新的教育机会。可以得出的结论是，利用DACA*PO即将到来的领导层的这种风格和质量，现在有可能在公司、大学和政府机构之间实现更强劲的知识性和目的性结合。

本章改编自之前发表的作品：理查德·迪尔特里.管理公司大学学习曲线[J].翡翠工作场所学习期刊，2002，14（2）。

参考文献

理查德·迪尔特里.会议报告：哥本哈根商学院应用管理研究中心（CBS-CAMS）“企业大学会议中的趋势”[R]. 2001：9.

第七章

构建一套企业大学战略潜力的评估方法

- 探讨这一概念的潜力
- 企业大学学习过程在战略适应性背景中的定位
- 组织变化的影响
- 学习在实现战略适应性中的作用
- 企业大学案例分析模型方法的应用

本章探讨了整合式企业主导学习对实现战略适应性的潜力和组织意义，考虑了这些变化对企业大学设计和管理的影响。

探讨这一概念的潜力

在一些企业大学的设立过程中，公司只是在这种新的特征下延续了培训和发展职能；另一些公司则将公司激发的“最佳管理实践的倡议”作为其“企业校园”的中心特征，而其他一些公司则采取了企业大学作为一个完全包容性的学习、业务和流程理念及全面发展的一体化理念。

然而，从案例研究中可以了解到，每个应用程序在组织深度和范围方面都有很大的差异。

有一个共同的特点是，这种干预方式或许比当代学习和组织发展的任何其他趋势都更加重要，有必要在智力发展投资与改善企业绩效之间的联系中展示出更加明显的效益。

长期以来，关于难以定量或定性地衡量效益的论点，仅仅意味着培训和发展方案之间的连通性较低，对商业目的并不知情。

显然，投资的回报并不明显，但这是知识型资产管理的一个领域，在管理这些发展方面有较大的特点，而且不会消失。

图7.1是完整集成过程的示意图，反映了各组织在完整集成包容性应用程序中所面临的挑战的程度。其目的是探讨与这一全过程有关的应用程序，并衍生出一个可用来比较目前企业大学发展情况的基础模型；它将为进一步的个案研究提供一个全面的评价框架。

对整个过程的检查表明，与设计和管理有关的许多新问题有待调和。新的组织依赖性出现，且内部和外部新关系的建立将有助于促进这一进程。主要关注点似乎与如何保持所学知识的关联性及其与企业战略意图的一致性有关。

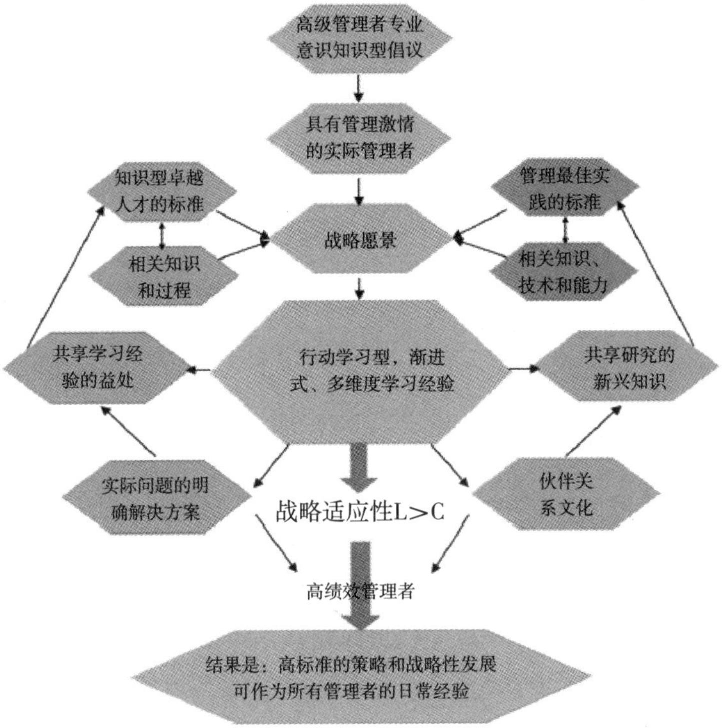

图7.1　综合战略学习过程前景

发展的重点正从过程结构和课程问题转移到与执行效果有关的因素。

企业大学的潜在角色可以看作一个战略和企业主导的发展平台，并可建立一个评价框架，以了解组织环境中的综合学习、知识获取和管理行动的动态。在此基础上，选择了一种过程模型方法，其中包含了评价或评估公司和机构在案例研究中的有效性所需的所有比较要素。该模型将为一系列严肃认真的实证研究提供一个参考点和共同的分析线索，这些研究可以比较可供选择的企业大学的风格和结果，从而大大增加对这一领域的了解。

理解整个概念的过程始于考察企业环境对组织战略反应性质的动态影响，以及这些互动对企业学习需求特征的影响。从这个角度来看，可以设想企业大学的全部作用和潜力。

企业大学学习过程在战略适应性背景中的定位

所有组织在尝试匹配它们的资源、专长、机会和商业环境威胁中所使用的方法有很大的不同。“战略适应性”的概念在组织和战略管理理论中有许多不同的观点。然而，该概念具有很好的可信度，可作为企业实际整体绩效的关键决定因素，它能够可靠地估计企业大学职能的组织定位可能性。

动态匹配或不匹配的程度均将影响管理层需要学习的内容以及他们学习的方式。需要注意的是，学习的必要性自然产生于这些战略调整互动的需求和挑战，而不是强加的教育范式。

因此，需要了解战略适应性动态，因为这是一种不断变化的关系，管理层在看待与动态适应管理相关的变化时，需要了解一些突发的差异。战略适应性的概念正在偏离环境稳定的思维定式，以及常规的过程与实践。一个新的时代正在出现，在这个时代中，战略适应性的新动态可以作为理解整合企业大学作用的背景输入。

如果要使企业或组织的学习平台在战略适应性的背景下保持一致，必须在企业大学的设计中考虑这些动态效应的变化。无论是与政策、宗旨，还是与旨在改善业绩和（或）职业发展的培训及发展方案（释放潜力）有关，这些影响都必须是形成和塑造方案设计及学习基础架构的基本投入。

组织变化的影响

当考虑到变革的速度对组织结构的影响时，实现和维持战略适应性、实现学习，以及相关组织过程类型也会受到其他的重大影响，也就是实现适应的行为反应特征。

这些不断发展的组织趋势巩固了关于管理学习和发展的企业理论的研究结果，特别是使其变得更加全面和复杂，并以实时环境为基础，与商业环境的问题保持一致。许多公司认为这是在高利率变化环境下实现持续战略适应性的唯一途径。专注于新的学习，以找到目前战术和战略问题的解决方案，对于不断提高业务绩效至关重要。这一观察有助于进一步确定企业大学的设计中可以纳入的特征——它应该集中精力建立一种管理持续和动态实时学习过程的专门知识资源。

这种动态影响的思维方式，强调建立终身学习技能和（或）管理良好的持续专业发展方案的重要性。这不仅是一件有意义的事，同时也是业绩可持续发展和商业成功的基本需要。

这种变化观点暗示着，培训和发展方案的设计将采取一套与传统工作时间的方案完全不同的要素；它们的设计将大大减少培训计划和组织架构。但这并不是一个完全的转变，因为在正式的职场培训发展、经验主导的学习过程之间存在着平衡的问题。一个组织中的平衡状态放到另一个组织中可能并不合适。

现实情况是企业大学的概念必须扩展到终身大学。

学习在实现战略适应性中的作用

要从更加“学习为主”的角度来管理战略适应性的动态，可以建立一个更为详细的图片，说明商业环境的改变对战略和战术学习需求的影响。在这一方面，R. W. Revans的模型确定了“学习（L）速率与变化（C）速度”之间的重要动态关系。这可以扩展到进一步深入了解“战略学习”适应的管理，对于一家公司如何界定其企业大学的角色有着重要的意义。

企业大学式的学习干预理念在整个组织和商业环境中设定的含义是：

如果组织学习（L）的速率小于（<）变化（C）在商业环境中的速度，那么该组织将失去战略适应性，其知识资源基础将萎缩和减少。

如果L等于（=）C，那么组织将处于一种稳定的平衡状态，只要能够跟上变化就能保持稳定的平衡，或者如果其智力学习基础已经低于商业环境中竞争对手和相关客户领域的智力水平，则处于不稳定的平衡状态。

如果L大于（>）C，该组织将始终茁壮成长。这应该是学习型公司或学习型组织的主要目标。

一家公司必须非常清楚地了解自己需要的是什么，以及谁有责任对其进行界定，这样才能适当地管理其战略匹配的学习部分。也许这才是企业大学管理中最重要和最核心的角色。需要解决一些问题，比如它将如何定义这些需求？也许不是通过简单的通用门槛技能和能力清单，而是通过过程创新和了解如何衡量在企业主导型的工作学习中所获得的专门知识的发展来实现的。

组织和商业环境之间永远不存在绝对的同步——这是一种旨在实现的战略引领状态。在一种更加完整的学习过程背景中观察L和C的关系的含义，扩展这一关系的两个方面（见图7.2）。

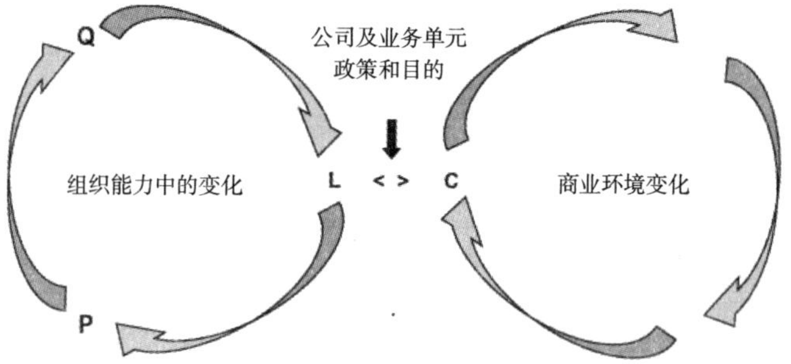

图7.2 战略学习适应性

L和C之间的关系需要在L动态中展现出强度。该条件取决于：

- 来自理论和最佳管理实践的现有结构化知识（P）的质量和相关性；
- 主张的问题（Q）的质量和相关性；
- 学习（L）过程与更广泛组织的参与程度；
- 学习技能的成熟知识的获取。

这样看来，如果企业大学要为这种L>C关系的管理提供有价值的投入，就需要对这些特殊的发展动态进行很好的管理，以使整个企业受益。

要转变（L>C）模型的变化动态，管理者显然必须掌握与其特定管理责任直接或间接相关的竞争和环境变化动态（前公司、部门或职能）的精深技能。他们必须在识别紧急管理问题方面受过适当的培训且在该方面有经验，知道如何通过

L=P+Q回路生成战术和战略反应。这是学习的“八字形”效应，不是一个课题驱动式途径，而是问题驱动式途径，需要积极参与到组织的微观政治中。

企业大学职能一个非常重要的作用，是设计和提供管理发展和培训平台，这些平台对于实现战略适应性至关重要。例如，获得高级学习技能、学习识别问题动态技能、学习管理宏观/微观政治、学习采取有效的变革行动。

这些观察中衍生出另一个因素，大多数人的学习环境并不是通用的，而是多方面的，重点必须转向获得新学习和发现新知识，以便在当地或特定的情况下获得竞争优势。整个学习过程应使管理人员有机会参与若干不同的学习网络，而不受规定的教育制度的限制；以非常开放和结构化/非结构化的方式学习。这与组织中心作用的概念是一致的，需要创建一种有关校园和智力伙伴关系的大学精神。

由于促进分布式学习解决方案的技术现在已经是一个既定要素，因此，更加不稳定的学习文化和基础结构是不可避免的。

对许多公司来说，这意味着需要一个非常重要的文化转变，这种转变必须由专业人员管理，并涉及组织内全面的学习基础架构和文化发展。每个人都应该意识到，学习和成为一名有效的学习者是工作的重要组成部分，对个人学习表现的自我评估是一件非常严肃的事情。

其结果将是一个产生个人和组织信任的环境，让不同级别的人能够灵活地运用自由智慧，并明确负责管理自己的自主学习过程。

实现这种形式的组织发展不仅是人力资源等部门的责任，也是整个组织的责任。这一观察立即提出了企业大学的组织定位问题，这无疑将是案例分析中一个非常重要的问题。

许多公司已得出的结论是，有必要提高内部和外部的智力发展伙伴关系平台，这将与组织中的知识进行文化融合，从而带来一个巨大的价值。多年来，公司一直朝着这个方向发展，但问题是如何实现这些目标。

从与管理人员的讨论中可以看出，“企业大学”一词的语义学似乎产生了一种非典型的视角，它反映了传统的大学环境，并与许多组织希望实现的以企业为主导、以经验为基础的新兴发展平台不一致。事实上，如果企业大学概念作为一种与绩效相关的组织干预的积极形式，那么它在目的、结构和知识体验方面都会给典型的学术型大学范式或商学院带来许多挑战。

企业大学范例名称的问题很重要，因为它可能形成错误的观念和期望，而这些观念和期望并不能恰当地代表利益范围。相关的辩论被设定为“不断前进”。问题在于，当真正需要进行过程分析和评估时，它往往会转向解决方案。

企业大学案例分析模型方法的应用

总结上述问题的要点：

- 发展整合的过程；
- 战略适应性的突发动态；
- 组织转型阶段的变化行为；
- 战略学习过程动态；
- “标题”的语义学。

前文描述了确定企业大学角色潜力的一些关键因素，为了控制这一范式，还需要考虑许多其他方面，特别是与资格或认证有关的动机方面。

为了在调查公司案例时捕捉到这些动态的整个领域，选择了企业大学蓝图。该模型体系结构是在设计和管理部分及完全整合的企业大学应用程序方面的经验基础上形成的。它包含了所有需要处理的决策领域，这些领域可作为调查每个组织中的差异和细微差别的基础。表7.1描述了该模型的十大主要决策轨迹，它将用作研究企业大学案例和审查差异的议程。

知识将建立在与企业学习继承物有关的主题领域上，并就组织和文化因素的相对重要性确立观点。与评价学习质量、知识传播、资格和认证有关的要素也被纳入该模式，从而为主要的调查过程领域提供了基础。

表7.1　蓝图计划模型涵盖的十大主要决策轨迹

1. 设计学派策略	2. 营销职能——内部和外部
3. 管理和行政	4. 知识收获过程
5. 管理智慧	6. 支持学习基础设施
7. 监管标准	8. 管理发展计划
9. 质量保证系统和程序	10. 数据保护

本章改编自以前发表的作品：理查德·迪尔特里. 建立一个用于评估企业大学战略潜力的方法[J]. 翡翠工作场所学习期刊，2002，12（5）。

参考文献

布拉德利 K.智力资本[M].伦敦：Piatkus出版社，1997.

布里奇斯 W.管理转变——进行大部分变革[M].费城：珀尔修斯图书集团，1991.

吉布森 R，Ed.重思未来[M].伦敦：尼古拉斯布雷雷，1996.

哈代 C.管理战略行动[M].伦敦：Sage，1994.

迈斯特 J.企业大学——建立世界级劳动力中的经验教训[M].伊利诺伊：麦格劳·希尔出版社，1998.

明茨伯格 H.深思熟虑及突发的战略[J].战略管理杂志，1985，6：257–272.

芒福德 A.经验所得，通过有效学习管理成功[M].伦敦：麦格劳·希尔出版社，1980.

芒福德 A.工作中的行动学习[M].奥尔德肖特：高尔出版社，1997.

佩德勒 M，布尔戈因 J，博德尔 T.学习型企业[M].纽约：麦格劳·希尔出版社，1991.

瑞文斯 R W.行动学习的起源和生长[M].布罗姆利：Chartwell–Bratt，1982.

森奇 P M.第五项修炼：学习型组织的艺术与实务[M].纽约：双日出版社，1990.

企业大学蓝图.2017.检索自：http://www.corporateuniversity.org.uk/blueprint.htm.

温格 E.实践社群：学习、含义和身份[M].剑桥：剑桥大学出版社，1998.

第八章

企业大学的配置：管理思维学派的组合

- 学习与思考总结
- 关于企业大学辩论的背景
- 汇总一发展思维学派
- 思维领域的细分
- 领域交叉的动态
- 企业大学的配置
- 企业大学特征和属性的管理

本章回顾了迄今为止企业大学理念作为实时企业发展平台的潜力的探索和理解的历程。提出了这样一些疑问：塑造企业大学知识结构的众多和多样化的“思维学派”是否正在创新智力发展的新过程？其功能实际上是否受到限制，是否仅仅是已有功能的简单窗口包装，或是否处在自我怀旧的进程当中？

学习与思考总结

从研究和经验来看，企业大学可能是过去20年来逐渐形成的、前所未有的、最强企业和组织的发展开发活动之一。对于许多公司的利益相关者而言，企业大学通过公开声明承担起如今与管理成功企业有关的智力挑战的行为，展现了关于贵公司个性化的积极象征。

同时，这可能是一个非常有争议的主题，因为在管理高度多样化的动态方面提出了充分发挥其潜力的新挑战。还要求如果要取得新的学习和新的有竞争力知识的大收获，需要应用多种思维技能、高素质的知识型领导以及组织创新。

不同国家以往教育文化的传承也对公司处理企业大学发展问题的方式产生了巨大影响。在实践中，欧洲的发展经验与美国、远东和其他地区的发展经验非常不同。

因此，公司在管理成功结果方面所面临的挑战在性质上也是独一无二的。范围包括从这个发展范式——企业大学的“命名”中的语义问题到管理和发展公司知识型资产的更大的组织和战略发展问题。

关于其作用有很多观点，在其表现形式中采用了各种各样的不同做法。因此，企业大学的主题可以表现为其行为的随机性，不能仅仅考虑纯粹理性的术语，还要考虑对非理性术语的驾驭，同时考虑一个悖论，即企业大学的长期成功只能通过严格和持久的企业分析来实现。这不是思想和学科的简单结合，因为人力资本发展的投资建议是段有问题的历史。

涵盖这种知识多样性的前景发展提供了重要线索，而这些线索为理解这一主题做出了重要贡献，并形成了为客户公司寻找企业大学解决方案的方法。在早期的工作中，存在从寻求规范性解决方案模式转向进行性生成过程的需要。这一过程将优化企业大学的设计，同时培养对维持公司组织有效性有至关重要的作用。

然而，对于那些不受知识挑战影响的管理者和公司来说，未来会有一个富有创意、令人兴奋且极其有益的企业发展计划。在研究可能的解决方案之前，有必要重新审视企业大学应用的一些现实情况，以及围绕企业大学管理的基本问题。

关于企业大学辩论的背景

每家公司都有可能建立一所企业大学，因为它们在成立时都拥有可以融入这种发展模式且独一无二的知识型资产。但是在公司中引入企业大学概念的好处有哪些？对于这个问题，目前没有明确的答案，因为现在已知的好处从非常小到非常实际的高投资回报各不相同。

研究表明，企业大学可以表现为几乎任何事情的发展——通常几乎为任何事情——从自我表现到实现公司业务部门各级别知识型领导目标的实际尝试。这取决于此概念是否最后终结于其“命名”的语义分歧，或者该概念的智力挑战是否被充分认真地纳入战略发展的背景。

管理过程的发展非常有力，可以提高该倡议发展成功的可能性，并且迫切需要这样做，因为所有公司都拥有优质的专有知识、信息、业务技术和组织流程，直接或间接地促进了企业知识型资产价值的储存和积累。这一无形资产成为决定公司市场价值组成中一个越来越重要的要素。因此，正确管理和精心培养这种能力必须成为管理的当务之急。

在这种辩论中担任企业发展顾问的角色，能够全面考虑更复杂和专业的动态管理方法的方案，通过这种方法可以形成概念的模式，从而找到可以在每家公司特定业务环境中优化知识型资产发展的过程。

在早期阶段，关于企业大学潜在作用的辩论主要涉及两个问题。

这一概念是否可以作为有利于提高组织效率的现有管理过程的催化剂？

这种形式的知识型领导是否可以帮助优化公司知识型资产的增长和质量？

企业大学有可能满足这些发展愿望，辩论可以继续，考虑可以使用哪一种过程形式实现有效的模式管理。

为了实现一些形式的过程优化，解决方案可能需要新的思维——思维型领导——思考其如何概念化，以及关于过程设计和组织干预的创新。

该领域的概念发展研究表明，有许多不同的“思维学派”推动着这些发展。通过监控许多公司企业大学创新的不断变化，特别是在学习公司观点和管理发展方面，可以实现过程设计。总体而言，笔者观察到几个独特但也高度分化的思维学派正在推动这些发展。每一个学派往往拥有一个占主导地位的主题，拥有自己的一系列规则和首选的发展模式。本章介绍了这种思维学派组合的管理方法，作为企业大学概念向管理层提出的知识挑战范围的指南。

汇总—发展思维学派

批判性观察表明，有许多明确可识别的发展思维学派，企业可以通过这些学派来追求建立企业大学的举措。这些学派的主要名称及其主要特征和属性综述详见表8.1。

这些思维类别代表了发展偏好的丰富多样性，并且对管理者认为在建立和管理企业大学时重要的特征具有相当大的影响。这些思维不是定义，而是显示了公司报告自己观点的方法。

表8.1　汇总—思维学派及其主要特征和属性综述

自我导向型学派
※ 现在许多组织中正在形成的一种自然发生现象
※ 强调个人学习自主权——所有热衷管理的管理者都会这么做
※ 独自弘扬早期的教学纪律
※ 坚持每天学习（不断更新）是习得纪律的一部分
※ 涉及职业管理的个人所有权
※ 管理者制定并拥有自己的个人发展战略（如何实现？）
※ 自我管理的职业生涯
※ 通过与临时经理联系，获取"被录用"的雇佣关系
※ 成功取决于建立自己的学习服务和一个支持性学习基础设施——实践思想社区可以成为这种思维的一部分
以计划为重点的学派
※ 该学派包括：
——培训和发展学派（TDS）
——管理发展学派（MDS）
※ 这些学派是企业大学发展最常见的基础活动
※ 计划学派强调：技能和能力的衡量和发展、了解和符合工作所需的绩效标准、符合部门目标与目的、学习过程发展
平台发展学派
※ 包含一个或多个离散管理技术或管理包
※ 通常由组织发展职能部门赞助
示例：赋权学派、团队建设学派、NPL学派、情绪智力学派等
全包学习型学派
※ 涉及每个人的政策
※ 基本上是无私的
※ 提供让人们实现愿望的机会——无论是否有

（续表）

※ 学习型组织和学习公司理念比比皆是
※ 通过共同的联系或利益将不同的群体聚集在一起
继续职业发展学派
※ 强调及时了解特定职业服务业务领域或主题领域
资格认证学派
※ 强调资格是各级管理层激励制度的重要组成部分
※ 超越现有标准的资格结构，并寻求建立高质量的工作场所经验的学术认可
※ 诸如先前经验学习认证（APEL）之类的技术是典型的扩展
学院派
※ 讲授的大部分科目是强调关于离散的专业资格课程
※ 有时被描述为寻找问题的理论
※ 研究方面强调了由认识论学科支撑的新的有用理论的发展
虚拟大学学派
※ 虚拟的想法占主导地位
※ 意味着其不如真实的东西
※ 代表其为在电子科技外衣下既定的教育模式
※ 利用技术转移可移动的教学知识盛宴
※ 分布式学习的培训和发展解决方案
知识管理学派
※ 主要是技术驱动
※ 专注于更明显、更有效地管理已知内容
※ 旨在培养如何管理、部署和利用专有技术和信息的能力，并强调知识流程和理解
实时管理学派
※ 涉及对更正式管理的网络和联盟的力量的信念
※ 在内部和外部（无边界公司理念）被视为基于通过在动态课程中共享、比较和对比学习实时经验的新协同作用的存在和感知的心理状态

（续表）

※ 结合结盟和整合学派（AIS）——结合学习、知识管理和战略功能
※ 可能包括结合分布式电子学习解决方案的行动学习学派（ALS）
知识资本学派
※ 人力资本中的一种商业银行
※ 一般涉及知识资产管理——从知识产权的估值到产品和企业品牌价值
※ 意味着对企业并购而言，发现知识溢价率、管理者的知识资产和股东对追寻商誉的看法的理解
企业环境学派
※ 一种智能存续模式
※ 目标主要是分析和理解在新的经济企业环境下的地位
※ 与企业环境共存并从中学习，而不是与其做斗争
※ 反对旧的经济观点的规范性愿景
※ 强调创造机会和减轻威胁，而不是专注于当代的优势和劣势
※ 涉及战略愿景可行性的持续测试
战略业务学派
※ 强调通过问题动态进行管理——“可以做”的动态
※ 基于结果的学习和市场主导学习
※ 成功是关于“你的执行情况如何”的思维模式
※ 最快和最集中的生存能力
※ 将战略意志转化为行动
※ 基础是基于只有集体智慧才能在竞争中保持领先地位的思想
全局学派
※ 理智地解决竞争全球化的影响
※ 强调跨区域和国家边界的整体企业发展
※ 目标包括了解共同的国际商业方法的重要性，但有效地管理区域和国家差异

（续表）

声誉学派
※ 一种思维的品牌，强调通过“尽可能少做”的方法在内部取得卓越成就
※ 只考虑与最好的提供者建立智力联盟
※ 以高层次的公众形象展现企业发展
※ 强调知识型领导和企业成功的相互依赖性，共同向前发展

建立企业大学凭借其潜在的多样性为管理层提供了具有独特挑战性的业务发展模式，但同时也存在滥用的可能性，其可在业务部门或职能部门的狭隘要求上推出，而这些要求并不总是与管理者和企业战略的实际需求紧密相关。

这些不同的思维学派对企业法学模式的成功有着重要影响，因为每个学派都是以不同的参考框架为起点。每个学派都将在新兴的企业大学概况中定义一个特定的功能，强调组织、知识和战略发展领域的不同特征和属性。

每个学派都在激励和优先考虑一组非常不同的动机、行为和目标，这些通常不会完全排除其他动机。来自其他思想学派的观点重叠并被纳入其中，但在塑造、资源利用和发展每个特定公司的应用方向方面不那么突出。

思维领域的细分

如果将这些思想学派的特征放在它们最强烈支持的企业发展的各个方面，那么有三个主要的知识能力可供使用：组织发展领域、战略发展领域和知识发展领域（见图8.1）。

将这些不同思维学派细分到共同领域中，可以发现一些明显不同的特征，这些特征可以与那些对更深层次了解这一主题不感兴趣的管理者共享。对思维学派特征组合的差异进行详细阐述，可以极大地帮助公司在这个至关重要的知识供应链管理领域中优化其企业大学设计、资源利用和管理。

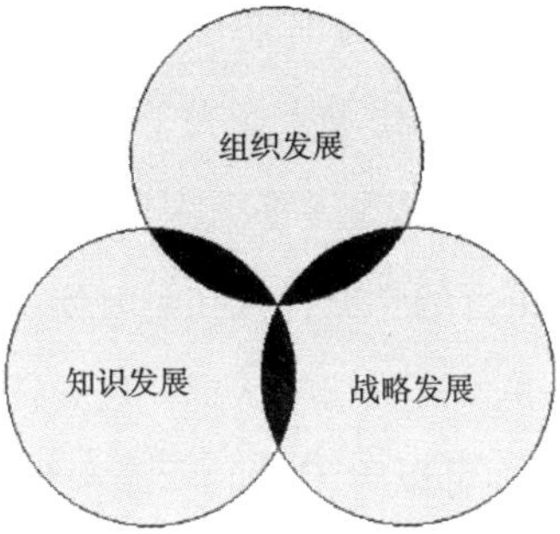

图8.1　能够沉淀企业大学模式的主要思维领域

组织发展领域强调旨在促进就业和提高绩效的发展进程，优化职业潜力和其他与人力资源开发和组织有效性相关的战略。

知识发展领域强调与一系列相关管理主题的理论探索中，强化与原则和信念有关的过程，并对知识体系做出有价值的贡献。

战略发展领域强调通过制定、解释和传播，将愿景和关于使命的公司骨干信息转化为更具实质性的信息，从而为管理团队提供切实可行的方案过程。

每个发展思维学派都可以定位于这三个领域或首选的思维环境。

每个领域细分中思维学派集群的规模反映了思维的重要性源自何处，由企业组织发展和战略发展领域领导，它拥有该发展模式的主要所有权。

在制定这种关系图时没有精确的科学理论，学派组合的定位在很大程度上是判断性的。其确实有助于传达这样一个事实，即在组织、知识或战略发展的领域中，以特定类型的思维为主导——不太可能建立一个均衡的企业大学结构和文化。

这种局限性思维的后果是，新兴模式不会产生在一种环境中，使管理者的知识资产得以发展和繁荣，并为所有利益相关者提供基于学习和新知识的真实结果。

不同的思维学派在决策中占主导地位时，都会对企业大学的发展路径和结果产生重大而有偏向的影响。这种失真的可能性需要得到管理。风格和成熟程度存在从传统思维到现代思维学派的二分法。因此，为了妥善管理这种模式，可以做出选择，但是，需要了解思维学派差异及其在当前和未来战略发展需求方面的优势与劣势。

因此，不同的学派与公司情况有不同程度的相关性——战略契合度，还具有内置冗余因子——兴衰特征，这将影响企业大学目标和资源政策的决策，因为管理层在知识上达到了适合每个新一代业务问题的思维方式。

为了正确选择适合定制组合的学派，现在是时候从对每个学派基本特征的了解转向对不同思维学派之间关系更明智的认识。这为选择的管理增加了另一个维度。通过对这些关系的考察，可以将不同的学派视为资源并研究学派之间的差异、其相对优势和劣势、关于企业的战略发展需求以及如何能够有助于实现企业部门与竞争环境之间的战略契合性。

在这个迭代过程中，学习思维学派的资源能力、学派之间的差异以及企业的战术和战略发展需求，使得我们能够掌握对企业大学模式的管理配置过程出现的关于需要使用知识资源的准确陈述，以满足新的学习和新知识的要求，从而满足企业发展需求，令企业大学的主要战略职能部门满意——以确定想要成功需要了解哪些知识，以及需要怎样学习这些知识。

领域交叉的动态

为了帮助可视化模型中存在的差异和紧张关系，首先要确定主要思维学派领域之间存在的动态，即主要领域接口或交叉点的特性——阴影区Ⅰ—阴影区Ⅲ。确定关系领域，发展重点的变化以及可能存在的伴随性问题。

交叉点Ⅰ

从“知识发展领域”顺时针转动，与“组织发展领域”有一个交叉点，这是学习理论与实践中学习过程的交集，由思想与实践区分。

在这个中间领域，有一个从关于基于工作的学习和发展的理论思想为基础的学院派思维向职业领域的过渡，这一特定接口在图8.2中通过密切相关的全包学习型学派（ILS）和资格认证学派（QS）予以区分。如果企业大学的偏好转向优先考虑这些思维学派，这就是一个关键的外部关系领域。

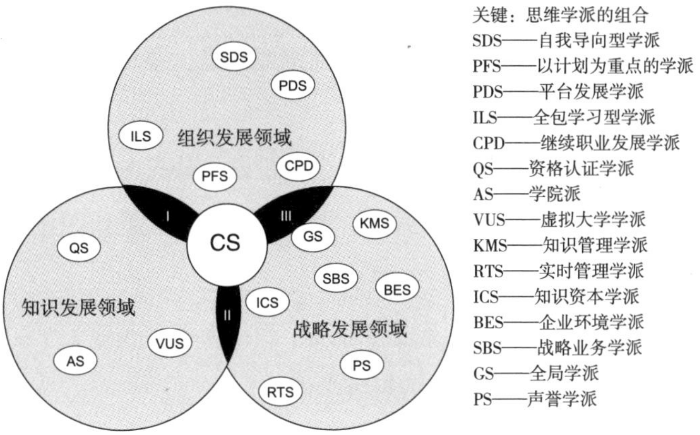

图8.2　思维学派领域细分与定位

交叉点 II

在图8.2中，将“知识发展领域”逆时针转动，与“战略发展领域”有一个交叉点。这一个交叉点由战略概念、企业理论与战略现实的明确联系来区分，再次以意识形态与实践来区分。

在这个接口，可以预测一系列完全不同的动态。相交部分的两端为两个密切相关的学派：虚拟大学学派（VUS）和实时管理学派（RTS），形成与业务卓越和最佳企业实践理念的另一个理论和概念的强大交叉点。这也是一个关键的外部关系领域，但在知识管理方面，与上面的交叉点 I 有很大的不同。此时的知识界面强调了密切相关的企业发展理论领域中更高层次的概念发展，同时面临资源约束的现实和战略发展领域中组织的惯性。这是知识发展领域末端企业学派的代表。

交叉点 III

组织发展领域与战略发展领域接口的特点是密切相关的平台发展学派（PDS）和全局学派（GS）的差异。这种交叉将组织有效性与战略发展目标相结合。

其特点是内部发展目标与个人、群体和组织能力的差异，以及在企业环境中发生或预测发生的动态变化和相关的公司发展进行更广泛对比。

从这些观察中可以清楚地看出，即使在主要思维领域的紧邻区域，个体思维学派的广度和深度也存在显著的梯度。特别重要的是，要注意这些交叉点的思维学派所有权的变化。

位于这三个领域中点的思维学派可能会被推断出缺乏与相邻领域的相关性和连通性。如此广泛的差异意味着学派所有者需要进行重大的组织调整，以便在配置的组合中实现有效的联系和可行的关系。

这些见解继续探索，认为选择发展思维学派作为发展企业大学的基础和管理方式，它们的差距是应该连接到新的思维学派。

企业大学的配置

思维学派的配置（CS）能为实时企业大学的发展提供总体设计能力，并提供了充分整合三个发展领域和其中首选思想学派的机会。

图8.3显示了其定位。这是一个建立在使用集成商流程的高层管理桥梁角色的学派，其特点是具有强大的知识领导力品质。其有可能管理企业大学的哲学和战略角色的演变，并确定其基本目的，协调适当的思维学派，以满足企业的情境需求。

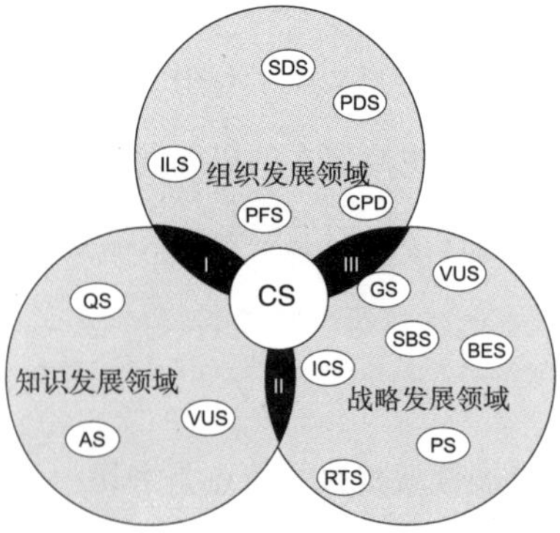

图8.3　思维学派配置的定位

从研究计划的结果中可以清楚地看出，企业大学定制属性的配置是公司知识发展战略诊断和制定阶段的首要任务。企业在知识上需要表现明显的差异意味着企业不可避免地需要以不同的方式对不同的事物进行不同的学习，这将反映在配置的结果中。企业会根据现有资源和管理内部及外部交叉关系的先前经验，就偏好和优先事项做出决定。

企业大学特征和属性的管理

在这个阶段需要找到一个管理过程，来评估和整理来自每个思维部分的选定属性，以满足特定的公司要求；考虑如何实现企业大学思维学派的不同配置来优化成果。否则，其将使现有结构永久存在，且不允许管理层采取必要的措施来实现公司更有效的知识取向。其必须是一种可以控制所有特征及其属性的管理机制。

为了取得成功，管理层需要一个完整的、配置良好的独立职能部门来统一、融合并优先考虑新学习和新知识的资源，以满足企业整体活动各部分的情境动态。基本目标是始终实现发展相关性和组织连通性。这必须是一项迫切解决初期的管理学习需求、培养新创立的思维，以及选择与汲取不同思维学派中最有名的资源特征的快速而灵活的活动。

选择发展思维学派方面企业大学特征的能力，可以创造一个最能激发其成就的思维学派并良好结合，与组织战略意图保持一致的机会。

图8.3中“学派”之间的联系定义了企业大学的特定配置愿景。这些配置因公司不同而各有不同。

如果没有这种总体配置的观点，思维学派之间的潜力和显著差异往往会被隐藏起来，新兴的企业大学有可能将自己表现为充满不兼容性和微观政治而非一致性的思维混乱的学派。

研究结果显示，个别公司没有全面地构思自己的思维，并且不愿意将当前的组织思维模式分解为新的发展学习领域。因此，它们进一步发展企业大学的潜力将会受到限制。如果非学派限制不是基于对发展思维中所有不同配置选项的严格检查，那么就是受到了领域限制。因此，研究结果清楚地说明了嵌入式思维学派对正在取得的成功水平产生了限制作用。

高层管理人员的任务是评估知识资产的不同组合，并将其提供的顺序和优先级划分为特定的定制层级，以便根据企业的实际情况和具体情况为专门的企业大学定义适当的架构类型。

通过定义明确且完全配置的解决方案，企业大学的角色、政策和目标可以清晰明确地传达给整个组织。这是一项重要的活动，是为高层管理人员提供展示其特殊的知识领导风格的机会，这对于企业发展干预的成功至关重要。

本章改编自以前发表的作品：理查德・迪尔特里.企业大学的配置——管理思维学派的组合[J]. 翡翠工作场所学习期刊，2001，13（1）。

第九章

与企业大学管理中的学习认证有关的问题

- 认证或不认证，这是个问题
- 挑战的本质
- 差异的动力学
- 在认可和奖励的背景下学习
- 管理你的知识供应链
- 良好认证的关键是共同协调的程度
- 每个学习者都是领导者
- 勇往直前

本章阐述了学习认证和认证体系在企业和组织学习管理中，对更多共同创造性质量保证解决方案的需求方面的作用。

本章从学习计划的提供者和消费者的角度来看待学分框架主题，并开发一种更加激进的四维管理视角，将考虑范围扩展到学术和专业实践两个维度之外。

认证或不认证，这是个问题

作家莎士比亚当然可以设计几个非常有趣的场景来完全演绎这部喜剧。这可能是组织学习管理中最有趣的问题之一。

在每个公司或组织的学习管理中，迟早会直接或间接地面对这个非常重要的问题：是否需要认证组织学习？

经验表明，这没有明确的偏好。有些组织认为现有的认证体系烦琐，过于复杂和不一致，并且认为它们不符合组织的利益。而有些人则认为它在选拔、奖励和留住人才，以及建立公司整体知识型资产等方面发挥着至关重要的作用。

图9.1是后者的示例，公司的学分映射发展战略，其中有强有力的政策承诺，即不断扩大内部和外部认证的学习成果的规模。

然而，学习质量保证体系（在可比较的基础上定义和衡量学习成绩）涉及大量的时间和金钱方面的投入，并且在决策过程中需要仔细检查“物有所值”这一等式的所有方面。

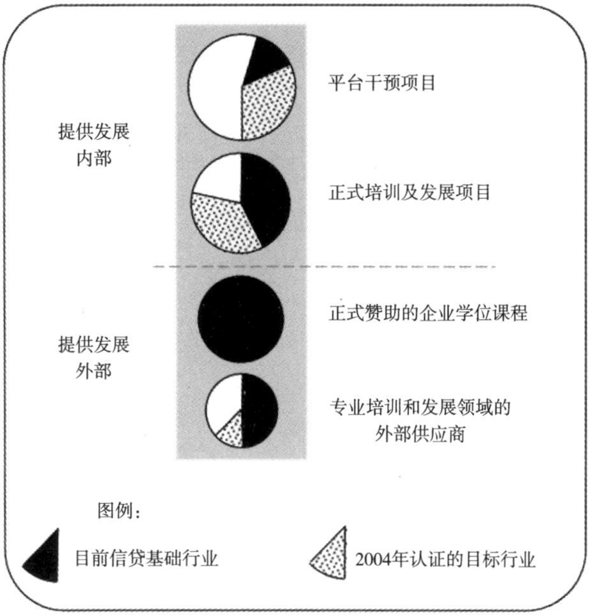

图9.1　企业大学学分反映策略

挑战的本质

从学习者的角度来看，这都是一样的，不过对于我们来说，它巧妙地呈现出了这是什么，将如何识别所做的事情，什么是奖励关系。

众所周知，一些学习管理者对这种反映感到吃惊，因为他们经常采用非常无私的方式来学习。他们认为人们应该接受对他们有益的学习，并感激有机会“提升自己”。然而，在学习者早期教育经历并不总是适应快速变化的就业市场现实的时代，工作不是“终身的”，伴随着丰富经验和知识冗余，以及在其他职业生涯模式中的贡献的不连续性，这类家长式价值观并不总能满足他们可能已经在10年前或更久以前毫无疑问的接受要求。

如今，就业人群正逐步追求更多实实在在的、有市场的和满足他们学习成果个性化需求的东西，以及为他们简历增彩的明确陈述。因此，他们希望获得有关其研究和学习承诺的质量和潜在回报的更多信息。他们已经从专注于资格认证的全职学习环境转变为组织环境校园，这些组织环境校园拥有不同的以职业为中心的学习价值观。他们面临的显著困境是：哪一个更可取，是一个经过适当认证的专业或学术资格，还是通过在一个受人尊敬的组织中学习成就而获得的能力说明？

也许这些并不是相互排斥的。有选择，但是将它们组合在一起所引起的问题必须经过完善管理，以获得一个均衡的认证框架，该框架根据关键需求和个体学习者的愿望获得组织的知识型产权配置。这是一个应用新的（如果不是全新的）思维的机会，有助于找到均衡的基于职业的认证（CBA）解决方案。

在紧急的新组织学习管理链模型三中，我们发现在众多新发展中，管理优质业务的战略方法促使新学习，将对释放个人潜力、实现组织发展和更新以及保持竞争优势产生重要影响力（见图9.2）。

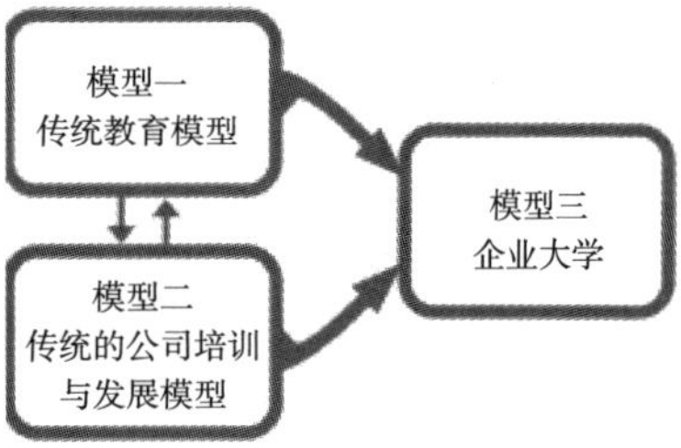

图9.2　关于教育模型离散条件的思考

管理这一系列的学习管理实践永远不会是一项容易完成的任务，因为模型一和模型二（当前的输入或基准质量保证体系）是基于评估计划质量和所取得的学习的不同标准。

在传统的正式资格背景下——模型一中——研究和学习的认识在形式化结果中是非常明显的：从证书、文凭、学士、硕士和博士学位的形式，从本科到研究生类别的学习。奖励是有形的和移动的，为进入或维持不同形式和就业水平提供了一个很好理解的基点。这一方面的可变性在于验证过程，涉及提供的相关性和质量、其来源状态以及每个人的学习程度。

学习质量的组织模型二测量采用多种形式，涵盖从“简单表格”到复杂得多的评估标准。然而，关键的区别在于，它将学习评估的范围从强调获取“溢价率知识”扩展到应用程序或“知道如何做”的“溢价率”阶段。

图9.3说明了可能影响个体学习者抱负的学习型供应市场。这些因素定义了许多学习者在学习环境中向前发展的主要途径。

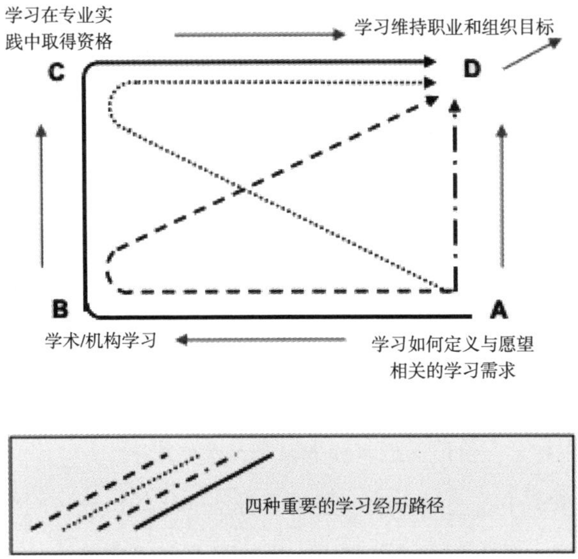

图9.3　学习市场：学习者作为成熟的消费者

通过这些不断变化的学习环境例证，可以了解到每个相关的认证框架为学习者提供了一个不断变化的体验。考虑到学习者作为研究者、学习产品和服务的消费者和客户的观点，他们提供了对学习成果质量的最终见解。而这只能基于以学习者为中心的个人，对学习经历的看法以及他对结果的满意程度。

在以市场为导向的教育和学习环境中，认证框架的价值只能根据其与实现个人愿望抱负的相关性和贡献来评估。

为了在不同学习途径的每个里程碑中获得合理的学习者满意度，必须有一个成功的结果，这些学习产品与个人愿望共同协调。只有当计划学习目标和学习、认可和奖励的基础质量标准与这些愿望一致时，才能实现这种协调一致的状态。

所有这些市场力量都可以通过基于特定的学习模型及其相关的有效学分框架，向学习者提供“学分单元”来激发学习者的学习能量。在开发灵活系统（CATS）方面已经开展了大量工作，这些系统是基于学习单元的实用价值，并为进入和重新进入一般形式的知识获取，以及技能和能力发展提供学习者学分的逐步积累。

然而，学习者生活中有一个阶段是通过图9.3中的位置“D”来表示的，当需要更高度集中的职业来激发学习进步的保证时，超过了对基于校园的正式学分资格的需求。他们必须在这种新形式的学习中实现可持续发展的能力，这取决于他们的个人所有权和对基于职业的学习过程的责任，无论他们的直接学习基础设施的质量如何。

在这方面，共创进化的模型三强调在实时事件中使用有机学习经验实现发展成果，一种与组织生态系统的动态环境相关的、为思维和行为带来积极变化的学习形式。因此，从模型一或模型二应用一个优选集合或两组学习质量指标的组合，永远不会形成模型三环境中职业学习管理的可行学分框架。它们会引发激励问题，并对来自高质量商业主导学习价值的战术和战略利益产生影响。

随着知识型组织中这些强大的“需要学习”动态的出现，同样强大的力量引发了对系统性企业大学干预方式的需求，再次遇到了确定新方法的需求。在这种情况下，方法论促进了组织质量标准和系统的设计，以获得学习的认可和奖励。

差异的动力学

模型三中共同协调解决方案的线索基于一个新因素：学习者越来越多地成为新的学习消费者，并且选择也越来越多。学习者知道他们必须为自己的学习及时支付费用，他们希望得到的结果是物有所值。因此，终身职业学习的动力呈现出一种高度活跃的新维度，这种维度在个人的推动下比以往任何时候都更加强烈。在这种新的个人发展的自有制度中，学习者在学习中获得高水平的能力，他们摒弃了思想知识的顺从性，认真地反思并对他们的新学习负责。

学习不再是从生命周期泵启动练习到职业生涯的早期阶段，但这是一项维持职业生涯的重要能力。对于严谨且具有事业心的学习者来说，课程持续35年到45年，他们将不得不继续更新和完善他们的学习技能。

在这组成人学习者动力学中，他们拥有新的权利进行协商，并重新定义他们将要学习的基础。从“B”或“C”里程碑位置（见图9.3）发生的事件顺序非常显著，学习系统将它们定义为情境“D”位置，在那里成人学习者有机会选择和协商学习过程，以及他们与“A”相关的学习经历的内容。在这种基于职业生涯的成人学习环境中，教学和基于教学的认证框架变得不那么重要，并且组织处理和批准——C、B、A——通过战术和战略学习成为关键的必要条件。

围绕里程碑“D”展开的四维力场中，财务模型也发生了巨大变化。相反，不是学习者为他们的学习支付费用，而是向学习者付费以便学习！

在认可和奖励的背景下学习

企业继承了过去关于奖励的非常复杂的旧有传统，这些观点在企业环境中通过“合理的日工作量”来确定合理工作日的“支付项”，以建立按结果付费的工作标准实践——工作评估、年度评估、薪级表、绩效衡量和奖金，以及最近的利润分配。有一整套因素可以定义实际薪酬和提高职业潜力的奖励。但是，随着基于优势的进步比以往任何时候都更加重要，质量学习的杠杆作用也变得更加重要。培养自我评估和同行评审的技能成为一个越来越重要的因素。

这些激励因素的管理为学习发展链的认可和奖励开辟了一个全新的场景。从推动终身学习承诺的力量到知识工作者就业的新动态，可持续的质量学习现在不仅是可取的，而且是绝对必要的。因此，与学分框架管理有关的问题是良好人员和组织管理的核心问题。它们是需要预测的问题，并且在企业大学学习政策部署中得到了很好的响应。

诱因是将认证计划平台作为所有这些问题的现成答案。这样做对吗？这种方法是否满足所有关联方的需求和要求？

管理你的知识供应链

在这样的发展情况下，有许多问题需要管理，每个组织必须在内部和外部学习供应来源之间达到一定的平衡。表9.1从初始就业到以组织为重点的成熟学习，描述了认证管理中出现的典型质量保证问题。

表9.1　认证管理中的质量保证问题

外部质量保证主题领域	问题
（i）员工招聘和晋升方面的质量保证	外部验证和认证系统的可靠性和一致性
（ii）APEL、APCL、RPEL和CATS	实践差异以及国家和全球颁证机构之间获得学分的可接受性
（iii）本科生和研究生主要课程	服务机构之间校内计划质量的差异
内部质量保证主题领域	**问题**
（iv）定制化培训	我们应该认证吗？哪种验证和认证系统合适？谁负责评估结果？
（v）发展计划	谁是这个特定计划设计的最佳学术计划合作伙伴？
（vi）企业学位管理战略学习干预	可以应用哪种职业生涯认证体系？

外部质量保证问题（i）至（iii）不是一个组织可以对其他人施加任何重大影响或控制的东西，不是通过选择性地与他们最有信心的机构建立工作关系。然而，重要的是，为了选择正确的联盟，有必要了解它们在课程开发、学分反映报告、验证、认证和评估中使用的过程，从而做出这些决定。

内部质量保证问题（iv）至（vi）是组织可直接控制的学习管理领域。这些认证议程由业务关键因素驱动。这些学分框架的参考点是它们基于代表每个行业、服务或商业领域最佳学习质量保证实践的国际标准。

这些是需要进一步研究的问题，也是与客户组织继续合作发展内部质量保证实践的问题。关于每个决策领域的优点，并没有明确的答案。即使在传统的认证计划提供者中，它也可能是一个非常有争议的主题领域。关于适合内部和外部质量学习管理的哲学方法、系统和指标，存在不同且有时相互矛盾的观点。对于国际组织而言，国家认证框架之间的差异也存在一些问题。

良好认证的关键是共同协调的程度

证据表明，当学习消费者与图9.3所示的影响市场力量之间存在高度协调时——里程碑式，通过认证企业或组织学习来保证质量是一种有价值的策略。并且共同协调意味着在过程和结果方面，战略学习方向和目标直接或间接地非常相似，如果不相同，即对于学习消费者来说，具有高水平的学习整合和相关性。

此推断是用于衡量世界一流学习经验验证的质量指标，通常是所有参与方共享和完全接受的，即认知、奖励和被评估者的基准是一致的。否则，在真正的有机学习体验中未能达到这种积极性的学习认证不仅浪费了学习者的时间，而且还会让人失去动力。

在“C”级别或接近“C”级别的组织学习模型的管理意味着在每种情况下，确定学习学分框架的基础适合各层级学习。在这一发展性学习管理过程中，有一个完整的学习经验，可能存在与图9.1所示的模型相冲突的学习要求，一方面是对组织绩效和基于能力指标的需求和欲望引发的，另一方面是更多基于认知逻辑主题的指标。

要找到新的解决方案，需将个人发展和组织有效性的关键核心能力作为认证和评估的客观原则。

每个学习者都是领导者

在企业或组织环境固有背景下，实现新的学习目标涉及学习者承担风险、抓住机会——幸运时刻的意愿水平，旨在用他们的办法在情境领导中实现更高的成熟度。学习目标以多种方式定义，其中最重要的是为人们提供格式化微观领导力熔炉体验，逐步建立领导力的优势。

从几个研究来源中挑选出的领导者的关键素质为：

- 能够在共同的目标心理模型中与他人互动；
- 在决策中应用坚定的思想观念；
- 热衷于成为新文化的构建者；
- 独特而富有魅力的沟通；
- 设想和表达成功结果的能力；
- 深刻的诚信意识和强有力的个人价值观；
- 基于应用创造力的高适应能力；
- 接纳并掌握现代语境含义的偏好。

管理良好且以商业和组织为导向的战术和战略学习经验，将在某种程度上与所有这些领导的基本素质有关，而基于组织的认证方法的起点应建立在主体和组织知识的基础上，标准对于所实现的认证策略和学习认证，应该与目前公认的世界级领导模式中的所有上述因素联系起来。

这种学习型领导观点已经启动了一种尚未完全成熟的新综合型认证质量指标。然而在企业大学概念的演变中，探索各种选择并围绕转型和交易领导品质，制定有凝聚力的框架标准是一个令人兴奋的部分。这一观点共同协调所有最佳的学习领域，并且在一个均衡的战略构成质量保证学习管理标准组合中应用于正式和非正式系统学习干预。

勇往直前

当面临不同的智力风格时，共同创造标准以及相关标准的度量化并不是平稳的发展创新途径。在质量学习的跨模型评估中，文化和智力风格存在差异。谁为学习付费、谁设定标准以及谁在组织环境中评估学习成绩等均属于关键问题。但是通过跟踪成功学习者的轨迹，可以在中层和更高层次的组织中建立一个CBA系统，鼓励和释放学习潜能，并且不会过度规定认知限制。

基于先前学习认证（APL）的方法学，对于学习质量评定的灰色区域的澄清工作做出了重大贡献。然而每家公司都要重新调整其在各个层面学习领导成果的观点，并共同创建相关的职业相关性学分框架。这些框架非常明显，拥有高质量的支持性学习基础设施，与职业管理和规划系统相连接并进行补充。

组织学习的管理是奖励和结果之间的平衡行为。经认证的奖励和其他形式的认证必须基于满足个体学习者的发展需求和职业抱负，同时确保从这些过程中获得的利益与组织的战略学习目标相一致。

如果能够实现这一目标，那么它将被认为，对所有在绩效和基于结果的生态系统文化中运营的管理者具有价值。

本章改编自之前发表的作品：理查德·迪尔特里.与企业大学管理的学习认证有关的问题[J].翡翠工作场所学习期刊，2003，15（2）。

参考文献

本尼斯 W. 成为领导者[M].伦敦：哈钦森商业图书公司，1989.

本尼斯 W. 托马斯 R.领导力熔炉[J].哈佛商业评论，2002.

森特 A. 领导问题[J].英国董事协会，2002.

第三部分

回顾战略考虑因素

第十章

企业大学
范式管理的战略方向

- 现状
- 基本原理
- 管理教育——模式差异
- 当前的企业大学偏好
- 企业大学计划流程模式
- 新兴知识和竞争优势
- 知识合作的选择与管理
- 参与完整概念

本章内容为企业大学和相关发展范式中企业和公司发展的探索奠定了基础。它确定了企业大学、企业商学院和其他类似的知识资产管理方式发展的驱动力。

现状

在过去10年中，作为重要战略发展平台，企业大学这一理念在美国尤为稳固，目前已有1600多所企业大学设立，并且分布在全球的数量日益增多。

对于其中的许多公司而言，企业大学模式的过渡直接反映了它们在科学创新和技术发展中所面临的不断升级的知识挑战。在其他公司，树立企业大学旗帜几乎可以称得上是一种大刀阔斧的改革，但都只是简单地重新标记当前的培训计划。其他公司的方法更为激进，涉及在其组织的广泛领域引入更多样化的动态管理计划和明确的知识文化。

基本原理

许多公司并没有开始创建企业大学。更有可能的是，许多公司最初的目标是发展“学习型组织”能力。它们现在已进入关键阶段，将自身的发展重新定位在一个更具体和更具战略性的背景下——企业大学或企业商学院。主要驱动因素是公司的市场价值与其管理层所代表的知识资产质量之间日益明显的联系。

很明显，在进行这种转变时，没有简单的、千篇一律的解决方案。然而，通过描述对当前发展的一些更重要的观察，有可能提供对这些发展的动态的见解，从而启发适合于获得成功结果的管理方法。

最初的工作是对影响企业大学设计和管理动机做出一些评论（Dealtry，2000）。

- 第一点是所有权。企业大学是一项以公司为导向的计划。企业拥有这类计划，并且企业知道目前智力资本管理非常重要，在很大程度上不能假手于人。
- 通过企业大学理念，企业有机会成为一个整合战略愿景背后的开发平台的主要企业，该平台将个人和团队发展流程结合起来，在组织的所有职能部门和各个层面培养出能够进行指导的高绩效管理人员。
- 现在可以随时获得经过充分尝试和验证的开发流程，以便在实际业务情况下实现真实管理人员的整体发展，从而实现真正的增值效果：从教学过程到学习过程的量子转变。
- 这是一个现金资本密集型投资领域，它必须证明投资相关性和投资回报，所有其他业务活动也是如此。

与这些动机相关的是一系列重要的组织、投资者和知识供应链问题的重合度，这些问题使得企业大学职能加速出现，包括：

- 公司知识库的日益复杂程度以及知识工作者的新兴角色。实现竞争优势的主要方面最终被恰当地确定为知识焦点、新学习和技术应用速率。
- 需要在业务发展的重心进行联系和基于结果的学习，因为有效行动的实时责任将进一步由一线管理人员承担。
- 知识资本与利益相关者商誉价值之间的关系日益增长，谱写出新篇章。互联网公司的股票在证券市场上领先，凸显了投资者真正重视的东西。这并不像想象的那样具有非典型性，因为单从新管理层的收购就可以看到股票价值的频繁大幅上涨。
- 不断变化的组织发展变化决策基础。
- CIT技术对学习机遇的范围和学习机遇的获取的影响具有多面性，并且从地理学角度看，不具备敏感性，学习者可以挑选和选择他们的知识来源。学习和知识获取的自由市场时代每天都会带来新的机遇。

- 在本科和研究生层面，还有一些外部管理资格认证计划提供者缺乏创新和学术严谨性的隐忧。
- 从事全球业务的公司通常需要针对不同市场制订多元化的、及时的解决方案，单一来源服务商满足其需求的能力是有限的。

在这些综合压力下，公司管理层逐渐意识到，他们不能再将这一关键战略责任的主要内容委托给外部机构，并且不仅仅是希望做到最好。他们正在寻求创新解决方案。他们不得不开始考虑将知识资产管理作为战略平台。

管理教育——模式差异

在这一点上，简要反映管理教育在传统或经典风格的资格认证教育，与新兴公司或企业方法之间的一些差异是一项有意义的工作。

通过比较，我们可以了解企业大学风格、公司当前新兴替代方案的形式和风格。目前的资格认证计划风格得到许多公司的重视，并将继续在企业计划组合的基础上发挥重要作用（见表10.1）。

表10.1　从过程和结果方面来看两种方法之间的差异

资格认证教育	企业管理培训
学生筛选	潜力评估
单项资格认证：合格/不合格综合征	终身学习和持续专业发展
被动型课程	动态课程（结构化—非结构化过程）
体制取向	新兴溢价率知识的应用与收获
具体的学术重点和学术严谨性	鼓励围绕最佳商业实践应用免费情报（融入思考和行动），最终管理和拥有自己的学习
学生自我投资	平衡公司和学生的回报

通常情况下，这些不是相互依赖的过程，而是作为单独的过程存在和发展。

主要争论是关于哪一个过程可以在不同的应用程序中提供另一个过程。

教育或学习参数中的这些差异不应被视为用于比较相对价值的刚性框架，因为这些差异和组合会影响程序设计的形式和风格。这些混合计划试图弥合这些差异，但涉及对这两种主流方法的差异的理解。

将企业大学存在的许多问题集中在这一特定领域。然而，在企业大学方面，人们都倾向于最受青睐的学习过程。

当前的企业大学偏好

为许多企业大学管理课程选择的核心流程，是基于行动学习和行动研究的，虽然这些流程提供了重要的流程动力，但它们只是潜在的发展链条中的两个方面。其他方面包括分布式学习解决方案、电子便利化、论坛和会议场所等，它们结合在一起，形成了适合以结果为导向的学习和良好学习实践的综合解决方案。

课程设计有许多流程，以满足所有需求，特别是在获得的知识和新学习的整合方面，使它们成为企业强有力的战略或“需要学习”的方向。

企业大学计划流程模式

在更复杂的企业大学应用程序中，该架构结合了许多功能，包括最佳管理实践课程、个人和小组开发技能研讨会、社交关系的社交流程、职业建模和管理会议、网络化灵活计划基础设施、核心管理学科会议和现场案例分配、组织研究任务和论文或主要项目。

所有这些活动和过程汇集在一起，形成一个渐进式强有力的学习环境，为整体管理发展提供机会。一名管理者在一项对管理学习的批判性评论中发现了流程动态。

学习目标和成果也正在更实时化的“需要学习”的背景下重新定义，例如：

- 通过分享、比较和对比体验式学习来掌握商业世界的复杂性；
- 在内部和外部环境中保持理智，注意获得审阅和撰写公司动态的高级技能；
- 成为获取新知识和新学习的快速适配器——这是变更管理过程的重要组成部分；
- 展示可持续的良好判断力；
- 加强决策能力。

这些目标对传统上定义的能力制度管理方式产生了影响。

然而，在行动学习的选择方面有一些重要的观察，其可以作为企业大学战略范式应用的核心过程。

首先，人们普遍缺乏对如何实现这种教育范式的全部知识潜力的理解。其次，缺乏具备实现这一过程的真正的技能人员。最后，获得真正专业的终身学习技能是一个比普遍认知还要长的过程，需要谨慎管理，因为每个管理者都需要时间将个人细微差别吸收到有效的质量学习过程中。仅仅向人们提供判断概况和学习机会是不够的。

经验表明，如果交付得当，行动研究和行动学习过程会产生非常高水平的知识能力，将高水平的学术成就和顶级商业知识结合起来。两者之间要达到良好的平衡仿佛一场拉锯战，所有企业大学的程序设计师都需要注意这一点。

新兴知识和竞争优势

企业大学计划应该履行其承诺，即在每个课程中包含一系列精心安排的现场任务。由于这些任务逐步处理所有管理学科中的实际问题和想法：人力资源管理、营销管理、运营管理、财务管理、组织发展、战略发展等，其产出结果代表了一系列关于业务的许多不同领域的发展状况的学习和知识颗粒度，并且是所谓的项目过程的核心动态。

项目参与者当然是项目过程的核心参与者，他们担任着内部顾问或变革推动者的角色。正是通过他们与更广泛的组织的互动来研究其任务，从管理基础设施中寻求建议，然后向管理层提出他们的想法和解决方案，新的学习和新知识的分离原理已渗透到更广泛的组织中。

这是一个非常有趣的研究领域，因为它进一步推动了关于加强整个组织内部知识合作关系的发展思路，以及它们如何变得更有效、有目的地合作。

这是知识工作者时代的一项重要发展，与其他并行发展举措的整合密切相关。

各公司现在正通过应用可搜索的电子知识管理数据库来扩展它们对这一知识获取过程的理解，这些数据库积累了这些项目的所有任务和项目成果。该设施为它们提供了宝贵的实时数据和信息资源，用于横向研究和纵向研究计划及项目过程，从而提供有关如何加强未来计划设计的见解。

关于这些发展的结论是不言而喻的，新的学习揭示了竞争优势，并且应该尽快在整个企业中传播。

知识合作的选择与管理

知识供应链正在一些服务机构和公司内部迅速变化，因此，在当地和全球有很多新关系机遇。企业大学管理有以下实用建议：

- 制定明确的要求和性能级别规范；
- 了解你的服务商的资源、能力和先前的经验；
- 确保与你签订合作协议的人员与负责交付任务的人员是同一个人。

关系建模还有相当大的空间，从可以产生新视角的基本前提开始，可以通过定义这些合作、合伙及联盟中固有的风险和复杂性的顺序来实现。

一项分析表明，按照“复杂性”和“风险”的升序排序，协作知识合作和联盟项目可能涉及：

- 信息交流；
- 经验分享和咨询；
- 通过研究项目开展协作；
- 学习媒体及材料的调适和评估；
- 建立先前学习认证（APL）和先前经验学习认证（APEL）方法；
- 建立学分转型安排；
- 在合作伙伴/机构内部和/或外部之间建立新的管理结构。

如今，在这种复杂性和风险等级高的条件下，在规划合作和联盟时，存在严重的担忧问题，上述这些还未能包含所有可能出现的问题。

参与完整概念

试着对这个战略平台进行清晰和全面的阐述。要做到这一点不能受到潮流趋势或技术的驱动。认识到企业管理和开展业务的方式正在进行根本性的重建，企业大学可以在这一变化中发挥重要作用。然而以往的经验显示，生活中没有任何一个分支项可以在没有他人的情况下有收获地向前发展。

必须考虑所有的方面：

- 所采取的措施；
- 哲学方面；
- 组织方面；
- 技术方面；
- 精神理解方面。

如今社会对技术的重视表明，它试图用可预测的结果超越其他人，而这些结果都太普通和表象。当然，技术有能力促进更有效的业务系统和流程，但在个人、团体和组织中发展和改变行为要复杂得多，它涉及生活的所有分支项。

因此，与部分虚拟概念相比，企业大学和知识资产管理转型还有很多。在这一过程的开始阶段，在设计你的管理领域知识资产发展流程时，请考虑所有这些分支项。

本章改编自之前发表的作品：理查德·迪尔特里.企业大学范式管理的战略方向[J].翡翠工作场所学习期刊，2002，12（4）。

参考文献

理查德·迪尔特里. 1999年9月欧洲企业大学建设和管理会议以及2000年2月企业大学2000年会议发表的论文[R]，2002.

理查德·迪尔特里.量子管理：满足动态管理体系的需求[M].伯明翰：DSA出版社，2013.

理查德·迪尔特里.量子运动管理：实现竞争优势[M].伯明翰：DSA出版社，2014.

第十一章

管理企业价值模式下的知识型领导

- 知识型领导的管理
- 识别知识型领导实践和知识目的的差异
- 知识型领导作为关键衡量领域的选择
- 评价知识型领导标准的研究维度
- 企业大学的知识型领导和战略角色

本章在确定企业大学的战略角色方面又向前迈出了一步。

本章描述了两个强有力的管理指标，用于促进这一评估和管理过程：知识型资产指数（IEI）和知识型资本指数（ICI），二者结合在一起可以为公司中知识型领导质量的确定提供依据，即知识型领导指标（ILI）。

知识型领导的管理

本章描述了系统从业者方法论的基础，该方法正在经验性地被开发，以评估公司整体智力表现的质量，以及其影响市场价值的知识型资产组成部分。这是一项重要的调查，因为它为企业大学职能部门的管理层提供了制订有效的战略学习计划的依据。

知识联系水平的"读数"即为知识型领导指标（ILI）。其表明了企业实体目前实现与所有利益相关者的期望相关的，有目的和组织发展的管理能力水平。ILI建立在两个附属的管理指数联系之上：知识型资产指数和知识型资本指数（见图11.1）。

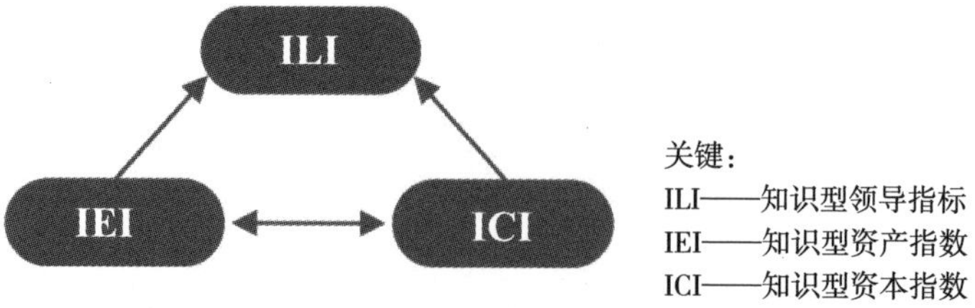

图11.1 知识型领导视角的联系

知识型资产指数（IEI）主要来自对公司与所有外部利益相关者关系状况的评估，及对其如何有效地管理企业环境的扰动方面的评估。

而知识型资本指数（ICI）主要来自对公司内部动态发展状况的调查，特别是其实现持续战略契合性的组织能力，以及获取及应用高级学习和发展的高级工具的能力。

由这些指数的确定和相互作用而得出的结论，在后面的内部和外部领导视角之间的差异说明图中进行了描述。随后描述了用于导出这两组指数的方法的概要结构。

使用ILI调查方法评估公司的知识领导风格和在发展情况下的地位，被视为一项需要持续实施的、可以使用思维学院配置预先确定的企业大学特征的综合解决方案之前的基本要求。

识别知识型领导实践和知识目的的差异

图11.2至图11.4显示了评估公司的知识型领导质量时综合使用的主要参数。

知识型领导指标（ILI）是对来自公司的知识型资产指数，与其评估的知识型资本指数互动所产生的主要差异的衡量。定义了人力资源投资管理方式与公司实际战略需求和利益相关方期望之间的发展差距。

图11.2显示了这种互动，表明综合使用外部（知识型资产指数）和内部（知识型资本指数）评估的方法。显示了对称程度，即公司在领导方面的内部和外部企业发展动态的凝聚或变形程度。这两个指数中的每个指数都是根据其主要智力发展领域的访谈和研究调查问卷确定的。

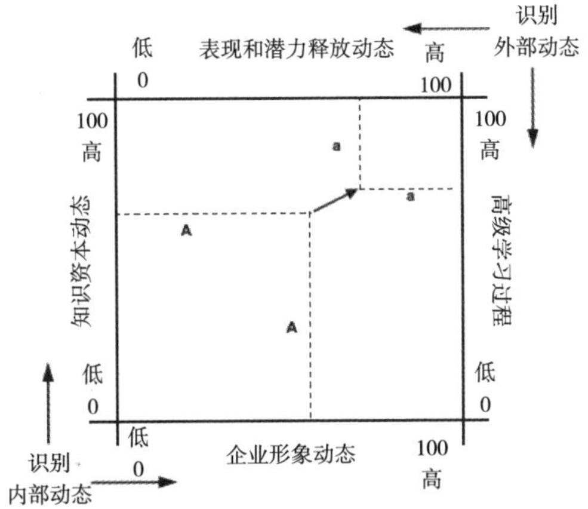

图11.2 发展差距分析——知识实践和知识目的

图11.2显示了知识型资产指数的读数较高时，知识型领导指标"向量箭头"在矩阵上的位置（A–A交会点），相对同样较高的知识型资本指数a–a线交会点来说，较为滞后。A–A和a–a交会点由来自调查的两个单独部分的、分别与外部和内部公司发展动态有关的数据和信息决定。

公司市场价值进一步发展的潜力由图11.2中的知识型领导指标向量显示。在这种情况下，增加公司市场价值的可能性由知识型资产指数的水平所定义，因为在知识型资本指数曲线中的a–a交会点表示的正向业务引发的发展动态施加了拉力。市场价值的这种潜力增强由正向知识型领导指标向量表示。

图11.3显示了外部（知识型资产指数）和内部（知识型资本指数）发展在平衡位置时的指数，B–B和b–b在同一点交会时显示为"x"点，表明事情不会变得更好，也不会更糟。但是不要指望这种知识型领导风格会促成公司市场价值的任何突破性发展。

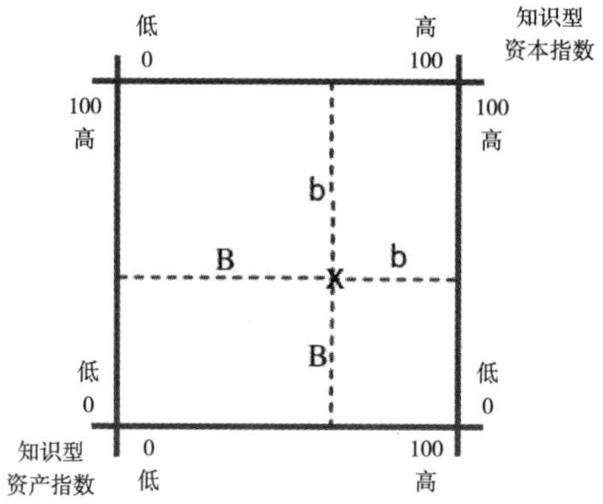

图11.3 平衡位置

图11.4显示了矩阵上的内部发展c–c曲线在低于外部C–C曲线时的指数。因此，知识型领导指标向量显示出回归趋势，为一个负向量。由此读数得出的结论为，知识型资产指数没有那么高，公司内部发展动态的初期弱点尚未在金融市场中得到识别，且公司目前依靠的是其声誉而非其真正的能力。

这些简化的案例说明了在智力发展中建立适当管理方向的重要性。实现战略契合和与企业环境的组织对称至关重要。

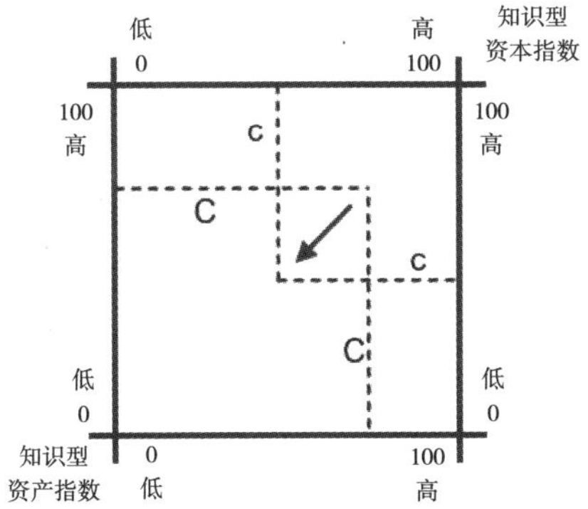

图11.4　负向量

知识型领导作为关键衡量领域的选择

有许多发展指标描述了公司可以衡量的动态，但知识型领导作用重要性的日益增加，为研究公司业务活动的健康提供了必要的共同基础。

实际上，如今的管理者必须比以往任何时候都更加睿智、聪明、快捷，表现出积极的本能行为。领导的作用已经从控制和命令角色转换为更具创造性和能量释放的角色。

现在的重点是培养管理者的业务导向性知识型领导能力，使其有能力评估情况，并更有想法地采取行动。他们必须具备跨学科技能并运用更高水平的认知能力才能概念化解决方案。他们必须在各个新的方面表现出色，为鼓励他人的进取精神和确保事情往好的方向发展提供适宜条件。

在他们领导的各个方面，他们都必须先于竞争对手进行思考，或是看起来先于竞争对手在思考。这一精神潮流的数量和质量，而非体能，重新定义了企业潜力和企业实体的竞争现实。

所有利益相关方团体（无论是外部还是内部）对公司领导的感知质量都是充满活力的因素，定义了公司的潜在价值并最终确定了其市场价值。在可用于定义公司质量的众多因素中，知识型领导方面可被视为界定动态。其与所有利益相关者的观念、动机和期望有关，处于管理质量等级的顶峰。

因此，在企业大学管理的背景下，领导力的概念向前或向上移动到更新的知识和新的学习基础维度，超越了群体动态和项目管理的简单想法，达到了与管理层的魅力影响相关的水平。

正是这些独特的管理质量的存在，让知识型领导指标公司将其衡量为指定企业大学战略的基础。评估涉及内部领导力度和方向的解决，以及外部利益相关者如何看待和重视知识型领导现象。

评价知识型领导标准的研究维度

制定一个知识型领导指标的第一个任务为识别企业实体中真正反映管理层知识方法的质量，以及在业务部门中领导质量的动态部分。第二个任务为根据访谈、研究和问卷构建调查流程，以确定和衡量公司在战略愿景方面的智力技能和能力的现状。

知识型领导动态的状态及其影响的“读数”，提供了一个通过企业大学的综合职能管理和加强公司知识型领导质量的起点。

知识型领导指标评估框架的首要和最重要的目标为全面地捕获公司领导动态的质量。这一目标促进了研究框架的设计，该框架强调必须使用内部和外部视角收集与过去、现在和未来相关的知识型领导质量的数据和信息。

调查中制定了四个单独“部分”以满足这些要求。

在公司的外部领导动态领域中，调查将会定义以下领域中领导动态的存在与质量：

部分1——知识型资产动态。

基于定量分析，以及数据。

部分2——企业形象动态。

可研究企业个性及其声誉。

这两个外部维度可以单独进行评估，然后综合在一起评估，以表示图11.2所示A–A交会点上的知识型资产指数。

在公司的内部领导动态领域中，调查区域确定为：

部分3——表现改进和潜力释放动态。

部分4——超前学习过程在实现战略契合的背景下的应用。

这两个内部维度可以单独进行评估，然后综合在一起评估，以表示图11.2所示a–a交会点上的知识型资本指数。

如果不对公司的财务业绩及其财务结构的优势和劣势进行深入检查，就无法对公司的知识型领导状态进行整体评估。部分1为财务部分，是使用资本的置换价值、资产的市场价值，以及人力资本发展中的投资水平之间一般关系模型形成的评估框架的首个主要部分。

知识型领导指标调查框架中的部分2为读取企业形象和企业声誉的动态，以及确定主要的外部利益相关者对其业务部门管理的知识范围的看法。

部分3为在公司长期以来做得更好的事情上，在过去和现在的重点之间寻求一个平衡，和/或投资开放新的潜力，未来的重点，并强调加强和实现领导能力。图11.5显示了管理绩效改进和培养能力之间的资源时动态成果的差异。

图11.5　表现和潜能管理

在定义公司知识型领导的范围时，考虑部分4的管理动态与实现企业的转型方面，与表现出的领导质量的状态有关。《企业大学的配置：管理思维学派的组合》一章描述了复杂和动荡的企业环境动态（C）和组织学习反应（L）的性质之间的相互作用，以努力在两者之间的战略契合中建立有意义的对称水平。知识型资本指数评估旨在衡量在管理这些互动时发生的领导过渡的组织程度，不仅可以识别正在学习的内容，还可以识别如何学习解决相关问题。

在这些定性调查部分使用的研究调查问卷过程（见图11.2至图11.4），基于与关键领导力动态相关完善的自我感知清单，并使用评级量表。

企业大学的知识型领导和战略角色

在确定企业大学职能的不断变化的作用方面取得了很大进展，但经验表明，关于这些发展起点的假设必须有充分的基础，管理过程中的进一步准备步骤是必要的。在本书中，已经确定了配置公司定制知识型资产的过程，已经证明了企业大学规划和发展的蓝图，知识型领导指标过程通过明确定义这些发展的起点和领导环境来支持这些发展。

使用知识型领导指标研究客户公司的知识准备情况，对企业大学发展过程的教育做出了重要贡献。在管理层看待发展活动的重要性及其在更广泛的商业计划方案中的联系方式中，引入了一个更严格的学科。并且，最重要的是，这一学科重新定义了企业需要思考领导力动态的方式。必须从关于事物、地点、时间、规模等方面的领导想法，转换到将知识型领导发展视为战略制定时的主题的新概念上。

其他章节已经研究了为什么公司正在努力引入有机学习和知识管理流程的令人信服的理由，这些流程与企业变化的动态“是联系的”。企业大学不断发展的概念一直被视为一个组织实体，可以促进这些变革，不仅是管理发展计划和一揽子计划，还包括哲学、文化、学习过程、新知识管理和商业观点。

必须出现新的组织概念，强调管理者能够快速适应，能够对复杂问题产生深入见解，做出决策并采取行动。这种行为模式具有强烈的个人主义，更具有典型的大脑特征，而不是被组织风格和结构的传统观念所抑制。

1999年，知识型资产指数被指定为一种衡量公司管理、组织和战略发展的知识状态的基准的手段。其目的是提供一种调查机制，以确定各种形式的企业发展有助于实现战略契合的水平，以及为公司业务部门管理战略愿景提供基础。

本章描述了将证据研究思想扩展到更全面的知识型领导指标调查模型中所考虑的范围，因为知识型资产指数非常注重价值关系，且没有提供关于如何更有效地管理内部和外部动态之间联系的线索。图11.2所示管理层采取的知识领导力举措，与其商业智力影响的外部观点之间的关系，进一步加深了对如何体现这些不同的动态，并改变公司市场价值中知识型资产水平的了解。

本章改编自以前发表的作品：理查德・迪尔特里.管理企业价值模式下的知识型领导[J].翡翠工作场所学习期刊，2010，13（3）。

参考文献

奥尔德 H.像一个领导者那样思考[M].伦敦：皮亚克斯出版公司，1996.

唐篷. 知识型领导清单.检索自：http://www.apinternational.co.uk/.

加德纳 H.重新定义的智力[M].纽约：基础读物出版社，1999.

霍克 D.混序时代的诞生[M].旧金山：贝尔特—科勒出版社，1999.

科组布斯卡 J.魅力的7个关键[M].伦敦：科甘・佩吉出版社，1997.

企业大学蓝图.2017.检索自：http://www.corporateuniversity.org.uk/blueprint.htm.

第十二章

有悟性的学习者

- 源于自我管理的新学习观点
- 学会成功
- 管理学会学习的渐进主义
- 你有悟性吗

本章定义了当基于组织的成人学习者，从正式的规范学习实践过渡到自主自我引导式学习时，必须发生的学习意识进化文化的变革。

“悟性”解析

起源：18世纪晚期，最初英语模仿西班牙语sabe用“你知道”。

定义：精明且知识渊博；具有常识和良好的判断力。

参考：《牛津英语词典》。

源于自我管理的新学习观点

我们都生活在一个信息和学习的时代，这个时代正在推动关于什么是对于理解学习主题并有益于人才发展的另一波理论和反向理论。

但这对于个人学习者来说意味着什么呢？他们是否会做出正确的选择，在生活质量方面做得更好、知道更多或者在他们的职业生涯中更成功？他们是否发现自己只是被另一波建议的浪潮所推动，这些建议在言语上很长，在图示上又很短？

现在和将来，每个成年学习者的新传承都是一个富有学习机会的环境，但这些机会是否会为每个人带来更高的满足感和更高质量的生活方式？答案为是，但是被推动发生的——不仅仅是发生，因为选择的动态和时机如果只考虑到机会和希望，就可以产生大量不同的结果。

终身学习、行动学习、电子学习、被动填鸭式学习、混合式学习、动态业务主导式学习、体验式学习、成人学习、远程学习、在线学习、职场学习及其各种衍生物，所有都是潜在学习者所面临的一系列令人眼花缭乱的重叠命题的表达。看似最方便的表达并不一定会为学习者带来最有益的结果。“概不退换”是经常出现的主题。

对于今天的信息“富人”而不是“穷人”而言，这种学习环境缺乏明确性且更加复杂，充斥着从电视、广播、电子邮件、移动电话、互联网、外联网等各种可能的媒体来源传送和回收的存储数据。几年前有幸保存的信息现在可以立即获取、访问和分发。知道如何“高效搜索”与了解如何解释和应用信息同样重要。

所有这些来源对于参与突击测验，策划电视节目或流行的大学挑战计划的参与者来说是非常有益的资源，其中记忆测试和特定答案的提供是评估的手段。然而，对于生活在管理世界中的人来说，很少有现成的答案，他们面临的挑战性问题，与问题和发展事件的复杂动态有关。他们不仅需要找到解决方案，而且作为解决方案和行动的先驱，他们还可以找到能够在特定环境中找到可行解决方案的流程。

在今天的管理学习环境中，在学习和信息镶嵌的单个“瓦片”中寻找方向可能是错误的起点。公司需要鼓励学习者从学会学习的角度进行重构并做出选择。他们需要明确企业和管理视角的强大性质和背景。

学会成功

一些最成功和最富有的商人最开始的工作是市场交易。从开放的市区集市摊位到露天市场再到购物中心，在每个国家都可以看到营销的五个P被集中运用。管理和企业的每个方面，都在某种程度上体现在市场交易者的强大和高度竞争的行为及活动中。优秀的人对他们的商业活动有着完全的了解，并且他们中的许多人经常向前行进，以建立更大的繁荣企业。

高层管理人员也是市场交易者，但他们的思维方式要复杂得多。他们每天都在公共场合展示自己的摊位，以诱惑买家。但为了取得成功，他们必须精明地了解自己的业务，不仅是在今天的条件下，在中长期也是如此。

在每种情况下，他们的学习都是渐进的，按照他们想要的起点和终点构建。这成为管理层学会如何学习挑战过程中的锚固点。

在这两个点中获得成功需要一些专项学习，这也是企业生存和获得成功的基础。这个基础是什么呢？可以用很多方式定义，比如关于对象、技能、能力等，但是都被约束在所谓的“企业和管理敏锐度”的内在能力范围内。一些人天生就有这个能力，而一些人则要花大力气才能学会这一能力。对于雄心勃勃的职业管理者来说，有效管理其学会学习的途径，就是不能靠机会来获取商业和管理智慧的途径！

但是商业和管理的智慧不是一个商品，而是众所周知的参数中的一种，是管理者在每种业务情况下，要获取成功必须拥有的独特动态个人力量和能力。找出适合每个企业和组织环境的“智慧公式”，是一个管理有方的人在学会学习的过程中收获的巨大回报之一。

一个管理有方的人学会学习的过程既可以帮助个人保持关注度，又可以帮助他在安排学习时间和精力时做出正确决定，还可以将他牢牢定在培养自己的商业和管理智慧能力的轨道上，且范围广泛，从管理的简陋和微妙到商业实践世界固有的复杂性和稳健性均有。

对于粗心大意的人而言，这是一次有很多转移和陷阱的旅程，但重要的是确定关键的标杆和决策点，以发展一个管理有方的人学会学习的过程。这对支撑商业智慧的管理资产来说是一个追求声誉的过程。

管理学会学习的渐进主义

那些有志成为独立的自我实现的品质管理学习者将会面临一些挑战，而以下对学会学习过程的管理的介绍，有助于促进人们敞开心扉迎接这些挑战的性质和范围。

其中一些洞察模型是本土的，有些则是基于行动学习领域著名作者的理论和实践（参见参考书目清单）。重要的是要强调下面描述的过程事件只是在大纲格式的介绍中。实际上学会学习发展计划的参与者作为对等群体集合进行操作，并由专业导师、教练和指导者为每一步提供便利和支持。

创造学习的途径——将学会学习视觉化

图12.1以可视图形表现了渐进式学习途径，为有用的程序化知识（P）的混合提供了一个背景框架，且具有严格质疑（Q）与既定或选择的一组环境相关的知识价值的能力。为不同学习情境的管理和解决方案实现P和Q输入之间的适度平衡，是在学会学习过程中的一种习得的判断技能。管理学习途径的动态以实现并保持在“L”中的“流入”是有能力的学习者的首要目标。

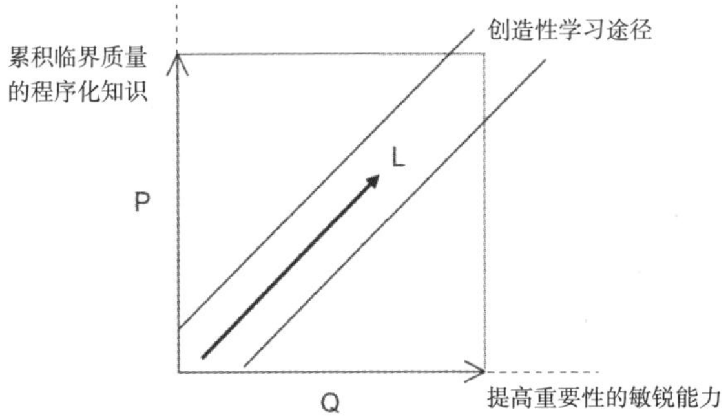

图12.1　渐进式学习之路可视化

确定学会学习的性质和规模

了解学会学习的进化本质是每个人都要面临的主要挑战。每个管理者都会面临从被教到学会学习的过渡阶段，或是“学习者门槛”阶段。这是个人发展的阶段，每个管理者都必须通过这个阶段摸索前行、克服困难，才能成为一个成熟的自我管理学习者。这是他们必须在个人和情境学习动态上获得能力和个人掌控的领域。

起点——CV Plus

管理者在他们学会学习的体验中经历不同的起点，并确定他们在旅程的开始或沿着哪条道路的位置是他们在前进之前的重要锚固点。CV Plus是一种诊断型的自我评估工具，提供了六个部分的框架，通过这个框架，管理者可以对他们来自何处以及如何进化进行诚实和详细的审查，而不会分散特定工作申请的注意力（见图12.2）。

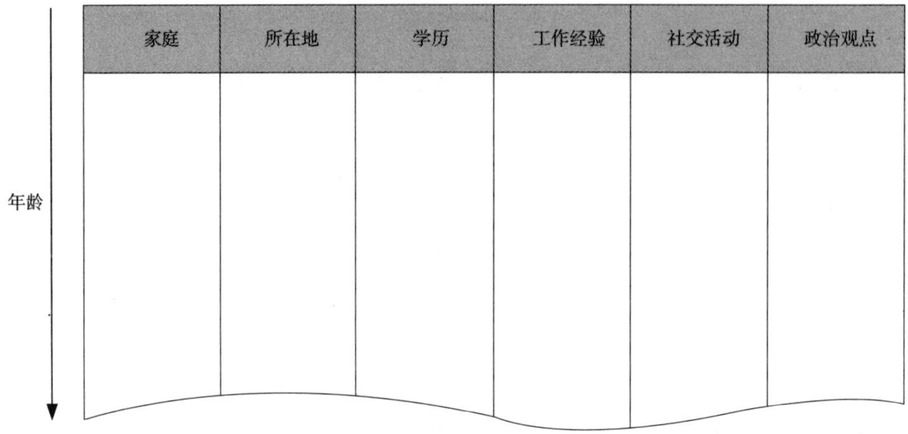

图12.2　CV Plus

当他们完成所有部分的记录事件时，从零年开始，即从出生开始，逐步向前移动到他们能达到的现在，然后他们就能确定及时的主要决策点，这些决策点有助于确定他们生活中的新方向；交叉连接这些决策点并注意其他部分中变更事件的结果。

这些适当准备的简介代表个人多年来到现在的生活经历的学习。他们可以逐条回顾他们过去的自我导向、他们在关键决策领域的作用以及这可能如何影响他们的未来。

了解自己和他人

- 了解自己

学习者如果需要有效地管理其学会学习过程的经验，那么至少要给出三个模式的良好的工作视角，分别为学习风格模式、学习诊断模式和团队模式。所有这些清单都是众所周知的，在计划过程设计或课程开发阶段，可以在这些类别和其他类别中选择适当的工具。从参与者学会学习的观点来看，至关重要的是，他们必须充分了解自身的学习行为，将如何受到个人学习倾向的影响，以及他们在小组活动中的自然偏好，如何影响他们对行动学习角色的选择。

- 了解他人

了解他人可以帮助我们认识到，那些与我们共事和生活在一起的人的行为中可能存在的差异。但是这些必须在与学习者学习环境的动态相关的更广泛的维度中进行管理。图12.3描述了学习者在动态属性方面必须考虑的所有影响因素——优势、劣势、机会和威胁，以及它们对学会学习过程的管理。

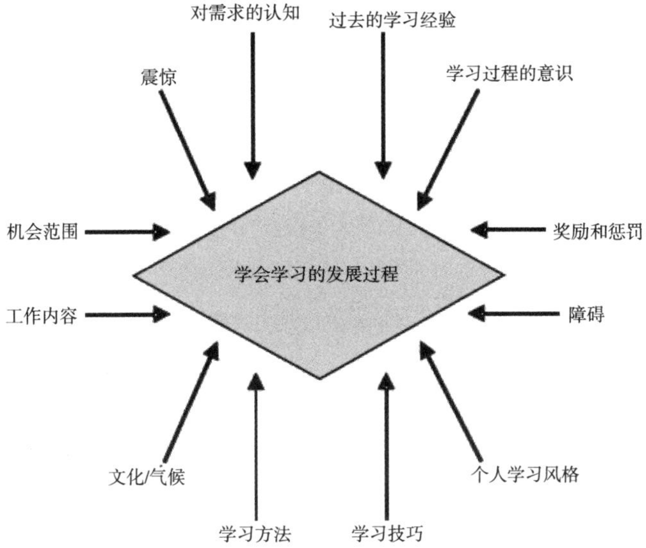

图12.3　学习的影响因素

对渐进主义的看法

在研究了影响个人学会学习能力的一些主要因素之后，应及时就未来的发展提出看法。图12.4显示了学习不断增长的过程，并强调良好管理的进展是核心动力。

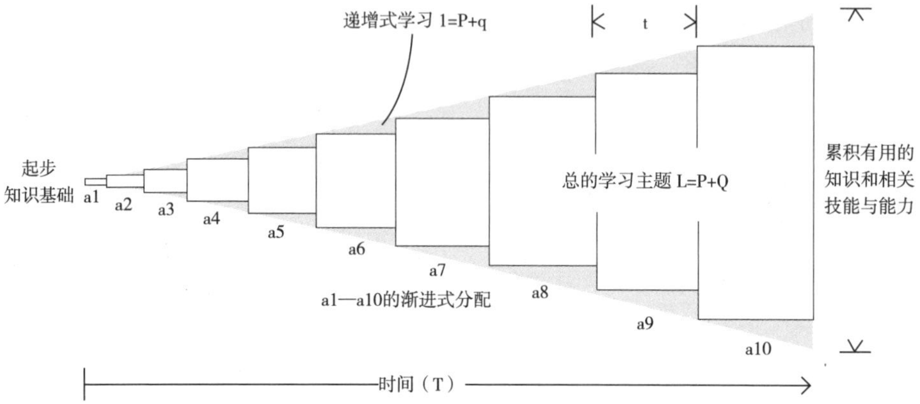

图12.4 增长过程

学习者与组织之间的关系

在正式的组织学习计划中，通常会将学习者引入质量评估的电子学习基础设施资源和人员支持的行动学习基础设施，包括设置顾问和一份容易理解的导向报告，一个导师和教练或辅导员，通常通过协议确立。这些基础设施资源中的大部分将保留在通常使用。但是，在学会学习的最终成果中，即成为一个自我导向型学习者时，这些非常不同的强化支持学习基础设施的持续存在无法得到保障。学习者需要了解，必须建立和维护自己的基础设施，以满足未来更高水平的管理学习的需求。

在高度支持的环境中，有关“我应该学什么”的问题的答案得到了很好的解答。然而，这是一个围绕着需要开发学习管理能力的关键领域的学习选择问题。“谁从学习中获益”是个人和组织学习兴趣可以正面碰撞，或者可以和谐相处的地方。学会学习是指在参与学习体验的所有利益相关者之间建立平衡，学习者——是的，组织——是的；但同事、家人和提供者都有兴趣并被这些事件所感动，这些关系需要在任何时候进行评估和积极管理。

学习如何在学习经历中实现所有利益相关者利益的满意管理，这是有效学会学习的核心技能。总是会立即考虑学习事件问题，但在终身学习的背景下，所有各方都需要对这种工作方式中隐含的要求和承诺形成新的理解。

学习行为学

图12.5描述了用于进行学习选择的四维学习领域框架，表明在现状和新学习的知识领域选择“延伸”或“安全发挥”的内在风险。这种观点与上述渐进主义的观点相结合，有助于学习者学习如何制定个人学习策略。有些人喜欢更冒险的“变革推动者角色”，有些人则喜欢采用更折中或更谨慎的方法。

内部和外部学习机会组合的性质也会影响人们积极和非积极的学习选择。例如，核心管理学科或入门学习科目、组织系统理解和干预行动导向技能，以及创新或进化领导力挑战之间，在学习吸引力方面存在非常显著的差异。这些挑战级别中的每一个都需要学习新的管理能力，这反过来需要不同风格的学习管理和基础设施关系才能取得成功。

		情境 熟悉	情境 不熟悉
学习任务	熟悉	A 非常熟悉某一领域的学习任务 -低风险-	B 熟悉学习任务但却应用在了新情境中 -中等风险-
学习任务	不熟悉	C 不熟悉学习任务，但是在一个熟悉的工作情境中 -中等风险-	D 在组织的一个新部分中有新学习 -高风险-

图12.5 战略学习选择

选择满足大多数利益相关者的学习方式，实现良好学习的实践，以实现学习能力提升和解决学习问题的结果，确保了每个学习体验中所有利益相关者获得高水平的学习相关性。该学科是获得可持续商业智慧的基础。

你有悟性吗

学习成为一名有效的自我导向型学习者，是每个人一生中可能面临的最大的智力和心理挑战。

向自己的学习承担个人责任的过渡，使每个人在优势和劣势方面都有自己固有的思想和行为倾向。这是关于品格、领导力以及在竞争激烈和自私的世界中实现社会合作的个人力量。正是在这种背景下，他们必须就未来的学习做出非常重要的决定。对新学习经验的责任和质量的认识，以及对成果的责任突然达到了一个关键的节点。

有些人从不试图获得认真学会学习的能力，因为他们沉迷于谦让的规定性方法，或者他们从未被告知这有多重要，或者他们根本不知道有必要这样做。其他人则为环境所迫必须做到这一点。

在个人层面，企业大学的关键作用是确保组织中的知情需求，过程知识和文化环境都是适当的，这样，每个人都可以从规定性到自主学习的所有权之间进行高质量和可持续的过渡。

成功学会学习的考验有许多不同的和多样的维度，包括所达到的个人满意度。然而，如果个人能够认真地反思他们从实时学习选择的每次经历中收集的学会学习的经验是无价的，那么他们就会成功。他们将通过秘密行动、利用智力，通过确保他们在正确的时间出现在正确的地方，通过获得精明的品质和属性以及他们的坚定和敏锐的心灵表现，可以有效地管理他们的个人学会学习过程。

他们最终将拥有非常个人化和独特的学习过程，并将对他们的学习效率负责。他们将走上释放全部潜能的道路。

本章改编自以前发表的作品：理查德 · 迪尔特里.有悟性的学习者[J].翡翠工作场所学习期刊，2004，16（1/2）。

参考文献

雅克・D. 小组式学习[M].伦敦：克鲁姆・海尔姆出版社，1984.

诺尔斯・M. 成人学习者：一个被忽视的种类[M].休斯敦：海湾出版社有限公司，1990.

芒福德・A.工作中的行动学习[M].奥尔德肖特：高尔出版社，1997.

雷万斯・R.行动学习的理论与实践.IFAL：Action Learning Trust（行动学习信任），1975.

索特・E.当教变成学[M].伦敦：卡塞尔出版社，1997.

维纳・L R. 数字之痛，为什么我们不应该依赖软件[M].博尔德：珀修斯出版社，1993.

第十三章

全球企业优先事项和需求导向型学习策略

- 引言
- 挑战的本质
- 具体优先事项
- 需求导向型学习所面临的困境
- 供需桥接模型中关系变化的领域
- 需求导向型学习公司

引言

本章开始探讨如何优化高层管理人员指导的组织战略需求与其学习管理结构和战略之间的联系。它需要采用粗略的方法来处理受到许多内部和外部变量影响的复杂且规模较大的主题领域。

本章概述了在未来组织和业务发展背景下的优化需求导向型学习的战略管理所面临的业绩挑战。它还指出了有助于制定建设性战略管理对策的模型和框架。

它为进一步的学习管理思维和创新打开了大门。它确定了全球发展促成的组织学习的形式、结构和战略方向中发生的激进关系的变化和战略联盟。

它还为需求导向型学习和知识创新管理的基本变化提供了新思路和新观点的参考点，因为最高管理层和机构希望在这个高度动态的方程式中寻求满足学习供给方面，以及企业学习需求方面优先事项的最佳平衡和协调条件。

挑战的本质

最近的研究表明，尽管存在一些重大问题，但具有全球责任观的首席执行官对未来几年的业务前景非常乐观。然而，他们预计公司结构将发生重大转变，管理风格将更加多样化，特别是在知识供应链的管理方面。如果要成功地管理在各种全球市场中出现的机遇，这些就会被认为是处理和行动的关键优先事项。每个人均处于成熟和风险的不同发展阶段。

在这些主要优先事项中，系统化且管理良好的创新被视为企业议程中的首要项目。不仅在新产品、技术和系统方面，而是在所有方面。精心指导和自我管理的新学习本身被视为一个创新过程，需要明智的学习行为和高质量的社交技能，从而提高生产力和效率；没有任何东西可以取代那些促成特定商业和行业专业知识的高质量学习。

首席执行官认为，全球环境中存在巨量的管理任务，在怎样管理学习最佳实践方面的创新，将成为成功的顶线增长和盈利能力的核心动力。

具体优先事项

首席执行官对未来发展问题的具体观察强调了在实时环境中，更多地依赖于有效管理、动态发展以及拥有全球影响力的战略性人员解决方案等方面。具备合适技能的合适人才和具有可转移的全球技术技能的人才的短缺，被视为未来增长的限制因素，特别是在一些目标新兴市场。最重要的事项包括发挥人才作用——留住人才——以及现在开放到更多跨国市场的招聘活动。

曾经被视为具有限制性的监管因素现在被视为创新和机会生成的驱动力。在移动互联网的帮助下，有可能在新的现实公司中进行全球共享和比较合规响应及解决方案，其中，旨在保持竞争优势的调整需求以及产品和服务区分仍局限于本地范围。

新兴市场缺乏可用的本地人才是发展问题表排名中出现最多的制约项。因此，越来越多地强调培训和发展计划的良好设计和质量交付，以满足当前的业务需求并从内部充实终身知识供应链。薪酬待遇与绩效衡量标准的关系越来越紧密。专业的公司管理大学和卓越中心，涵盖从运营到物流和供应链管理的各个技能及层面，这些都是典型的投资，其中，高质量的加速学习对于实现预期成果至关重要。

缩小主题导向型机构计划与企业需求之间的差距继续被视为共同创造性计划创新的一个主要领域，并且技术在流程管理、交付和反馈中发挥着重要的桥梁作用。综合课程计划设计包括领导力培训、项目管理团队合作、最佳实践流程技能、个人发展技能的整体制度，以及商业和国际管理知识主题，均会被更广泛地用于确保各级人才培养，关于需求导向型学习机会的高度意识，可以为他们的个人资本和公司的知识资产增加价值。

发展具有国际视野的管理团队是全新的全球公司维度，其目的是建立多元文化和跨学科的能力和技能体系。显然，在满足这个议程方面仍有许多工作有待开展。然而，成为全球管理文化和网络当中不可或缺且见多识广的一员对许多雄心勃勃的管理者而言十分具有吸引力。

很少有首席执行官认为自己在人力资源（HR）中扮演着强大的职能角色，在15个职能角色的层次优先级列表中将其排到第11位。相反，知识管理和知识研究研发、IT软件和应用程序开发、招聘和培养人才，都是新增量投资的首要问题。这些结果表明人力资源职能是通过何种方式被认为是有助于全球发展的。

在成本效益方面，首席执行官认为，最重要的举措将体现在业务流程创新、企业大学概念流程和实践、全球规模活动中，通过IT实现更高的职能自动化以及更多地利用战略联盟和合作伙伴关系。依赖外部合作伙伴作为灵感和创新的源泉，并且更自主地下放结构也是他们发展思维的特色。

在确保员工实现战略目标的具体行动方面，高层管理人员优先考虑并按重要性排列以下六项主要的人员发展活动链：质量综合内部培训和发展计划、更多基于绩效的薪酬计划、通过不同部门和职能实现更多的轮班班次、活动外包、从海外引进人才以及更灵活的工作安排。

所有这些企业优先事项排序均定义了直接或间接促成需求导向型学习环境的动态状态的组织和业务环境因素，并为学习管理提供指标和线索，以期改变内部和机构培训计划提供方，以及公司新学习、知识创新所需要的教育和学习供应的需求方之间的关系。

需求导向型学习所面临的困境

需求导向型学习具有一般意义，它意味着学习将具有一些有用的目的。突出的问题是“谁确定并优先考虑学习需求？”和“谁将从学习中获得增值益处？”这取决于你是谁、你在哪里以及你如何做到这一点！

近年来，个人维度和治理问题在扩展组织能力和良好管理公司资源的方面变得越来越重要。在这种情况下，雇主和雇员应该全面了解促成决策和资源分配的组织学习过程，这点非常重要。

行动学习、企业学习和需求导向型学习均与组织学习的这些动态联系在一起。个体是这些过程中的参与代理人，并且学习激励主要是基于他们的工作场所及其商业环境。学习角色和行为涉及双向知识流动，具有二元性。学习者的行为在学习过程中得到体现，他/她为模型的选择或设计做出贡献，包括管理、问题分析、诊断和决策。这是一种参与式管理形式，对于了解和理解组织的运作方式、目的和个人特别感兴趣的领域，以及如何根据工作偏好发展渐进式学习途径具有不可估量的价值。

表13.1说明了个体可参与的不同水平的特定和随机发生的需求导向型学习。

表13.1简化了企业环境中需求与学习之间的关系，但它提供了一个用于战略性地管理各种需求导向型学习的框架，以优化投资和优先事项。对于实现质量和满足学习以促成决策和行动而言，具备战略目标、战术目标和相关问题的良好态势感知技能至关重要。

表13.1 映射需求导向型学习层次结构：个人、集体社区和国家/地区学习优先级之间的联系

需求水平的变化特征	学习变化特征
行业/商业部门发展	行业协会和政府干预——行业技能
企业发展	学习型组织和企业大学概念发展
公司发展	正式的综合培训和发展计划
部门和项目	学习院校和社区
工作角色和责任	学会学习——工作表现和职业抱负学习

这一理解的出发点是考虑到情境的优点和缺点——内部问题——更有可能成为低层组织层面的需求导向型学习的焦点、威胁和机会，而外部问题则更有可能将代表更高比例的学习重点放在了更高层次的管理上。这是一个便利的出发点。然而，它只不过是一个指导原则，因为内部或外部焦点关系会因各职能部门而有所不同（见图13.1）。

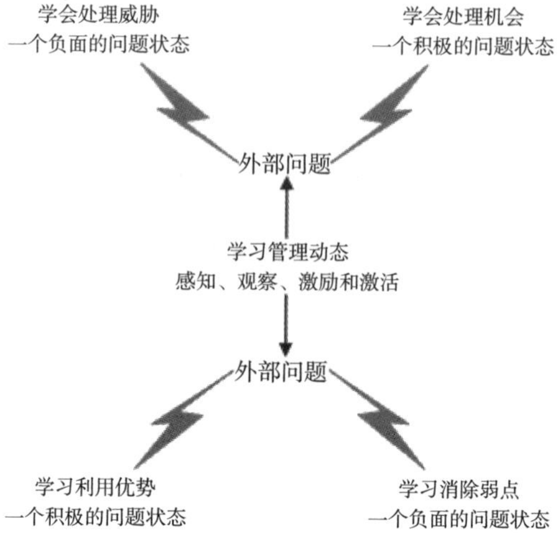

图13.1　学习组织动态分割

优化这些关系涉及使用不同形式的企业架构管理和整合多种变量。用于诊断和规划的企业大学蓝图开放式架构，是通过跨学科管理来管理复杂的需求导向型学习过程的典型工具包。

供需桥接模型中关系变化的领域

维恩图（见图13.2）详细说明了设想这些优先事项如何改变供需关系的重点。不同的实体代表了培训、学习和教育供需关系中的关键参与者，并对等式两侧的资源分配产生了战略性影响。

从（A）到（B）的过渡表明了共同创建战略联盟以及计划和学习内容的加速趋势。在这个模型中考虑的是正在进行的运动（箭头表示），以满足全球发展要求和优先事项将带来的变化。

现实情况是，以需求为导向的学习环境包含各种各样的公司，每家公司都有着截然不同的学习管理组合，包括基于竞争动荡的特定和随机发生的学习需求，以及首席执行官在寻求塑造整体命运时所确定的优先级。所有这些都可能需要变化来维持学习和知识获取过程中的竞争优势。

实际情境中经常出现这样的情况：在某种程度的均衡方面，供需平衡远未达到最佳状态。由于这些整合中的差距、新兴的全球形势以及不断改变服务范式和内容的新学习需求的步伐加速，导致这些关系中的不对称条件或错位越来越多。此外，由于公司对其业务环境中的威胁和机会的持续响应，这些输入条件只是更大的内部流动和变更维度的一部分。

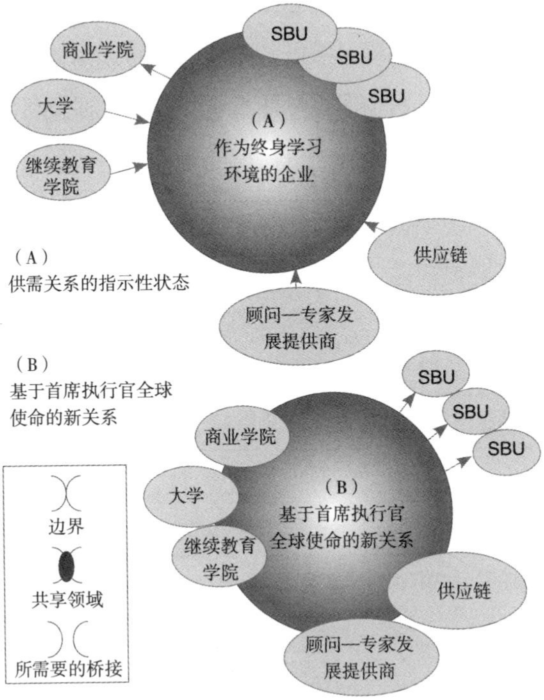

图13.2　维恩图——映射知识供应链

在真正的市场经济风格中，学习需求的解释变得更加丰富，并且以客户为导向。现有的外部计划提供商和专业提供商的发展促进了这种转变，他们在供应方面提供了创新，所有这些创新是新兴的，并扩大了需求满意度的选择范围。这是供应方新的竞争优势所在，随着全球供应市场在终身学习领域迅速发展，共同创意计划将蓬勃发展，并且在技术和人员基础设施支持服务方面的创新将成倍增加。

需求导向型学习公司

在研究简单地以需求为导向的自适应学习模型时，可以确定重要的学习管理创新的性质，即全球增长和发展优先事项的含义。如果要为了学习者和竞争优势优化学习投资和知识资源的获取和使用，那么该模型将涉及供需关系双方的持续调整和部分变化。

该模型提供了一个可以启动战略思考过程的机会，思考涉及供应链管理，如何批判性地评估你的组织或机构以需求为中心的创新计划，以及如何与可靠的战略联盟建立互补协作关系。对于许多专业人士而言，它涉及将该模型划入非包租区域，并在短期内将高度保留的资产负债表外市场控制和学习市场影响因素置于风险之中。但是，在国家和全球经济增长及发展竞争中，以需求为主导的创新推动了董事会底层的变革。

将组织和行政职能（例如，IT、财务、营销、物流和人力资源）融入日常综合需求导向型学习及其利用和再利用目的中，这对首席执行官的领导力提出了新的要求。这一切都为公司理论以及组织的影响力和价值中心如何重新定位提供了新思路。

本章改编自以前发表的作品：理查德·迪尔特里.全球企业优先事项和需求导向型战略[J].翡翠工作场所学习期刊，2008，20（4）。

参考文献

伯克·W. 组织变革：理论与实践（组织科学的基础）[M].千橡市：塞奇出版社，2007.

丹尼尔斯·W.R.可变组织：关于速度和灵活性的关键管理实践[M].米尔谷：Jossey-Bass Inc，1997.

海耶斯·J.变革管理的理论与实践，第2版[M].贝辛斯托克：Palgrave Macmillan，2007.

霍夫·A，Nieuwenhuis F M.创新过程中的学习例程[J].翡翠工作场所学习期刊，2006，18（3），171–185.

皮特勒·M，布尔戈因·J，博德尔·T.学习公司[M].Maidenhead: McGraw Hill，1991.

斯派特，B.实施组织变革：理论与实践[M].上萨德尔里弗：普伦蒂斯·霍尔出版社，2006.

英国贸易与工业部首席执行官简报：2007年及以后的企业优先事项.摘自www.uktradeinvest.gov.uk.

韦尔奇·J，Welch S.创赢[M].纽约：哈珀斯商业出版社，2005.

第四部分

加强实践管理

第十四章

管理企业学习
策略制定过程中的学习相关性问题

- 学习相关性
- 关于学习管理曲线
- 学习管理领域差异化
- 考虑集群发展的影响
- 个人与公司的关系
- 对自己的学习负责会带来新的责任

本章概述了企业学习管理方法的现状，以及在制定渐进和令人满意的学习策略时可能出现的议题张力。它涉及的主要问题围绕组织内学习的激励、企业学习政策的结果以及评估企业学习战略主要决定因素的总体方法。

学习相关性

推动企业大学理念引入组织的主要战略力量之一，是需要跟上新型学习、知识获取和知识运用的步伐，这既合时宜又与企业的战略目标相关。这一驱动力意味着，企业因此制定的学习策略应该主要针对商业和市场。

研究和客户工作表明，在内容（学什么、学习过程、如何学）方面，可以采用一系列不同的途径来制定组织学习策略，并且在许多情况下，战略和战术学习相关性问题似乎具有一定的争议性。

本章简要概述了一种方法，用于建立可以完成有效学习策略制定的语境。学习策略没有单一凸显的理想命题，因为它必须由公司企业大学思维的总体和量身定制的结构及战略来塑造。下面概述的诊断方法正帮助公司发展并革新公司内部人员的想法，以及在学习策略的制定和实施中增加其价值。

关于学习管理曲线

在《企业大学管理的学习曲线》一章中，笔者研究了在企业大学概念的演变和管理中运用学习曲线的想法。如果管理者希望达到业务学习绩效曲线的高点，从而将完全整合的企业大学概念提升到一个有力且可持续并基于业务的组织实体的水平，就会发现几个需要创新思维的主要发展方向业已确定。

这种组织和商业发展动态的主要内容之一是关于文化、内容和流程学习的有效过渡管理。然而，虽然学习本身已成为一个较成熟的主题，但它融入组织并直接促进人员流动及业务流程的增长和福利的方式，仍然是一个非常模糊且神秘的管理领域。

经验表明，在学习管理实践中，经常会发现在制定和决定有价值且有效的学习链管理方法时，运用了非常不同的渐进阶梯式方法。差异问题源于对范围一端学习的社会责任的观点，这种观点与另一端关于核心战略学习需求的更商业化和有形的观点形成冲突和对比。想法和理想有太多的联系和冲突。

关于学习的方向和目的及其与组织知识需求的融合程度众说纷纭。《企业大学管理的学习曲线》中模型一和模型二的地方术语往往对澄清该辩论中的重要问题没有帮助。沟通也是一个问题，它几乎无法解决有关组织新型学习和文化目标的观点差异。

解决与学习相关性有关的这些重大问题非常重要，因为有证据表明不适当的利他主义思想不利于公司的健康发展，导致资源浪费，“福利”水平、学习动机和组织效率下降。另外，围绕基本知识核心属性的不良学习管理也会使人丧失动力并扰乱现有学习集群的积极动态。

本章探讨影响工作和生活中学习的根本因素，人们发现某一过程会对阐述和处理企业现今面临的情境性问题产生作用。此处可用来指导深入探究问题本质的妙语是“他们该学什么？谁该学？该如何学？该何时学？该在何处学？”该指导方针已被用来探寻不断发展的学习政策和策略的差异。

那些观察结果进一步对某些问题作出评论，以满足竞争导向型企业学习的基本战略需求。结果强调大家需要摆脱基于单一学习管理范式的思维，应转向更自由的思维模式，认识到学习管理更多是以学习者为中心。实际上，终极目的是创造各个层面定制化的组织学习环境。从个人层面来看，这有助于促进个人抱负的均衡化。

转型期的学习管理实践的动力显示一种新的艺术形式，即学习领导力兼具激进化思维和鼓舞派风格。

学习管理领域差异化

在构建关于学习相关性的辩论语境框架时，以下关系方程式再次派上用场：在企业环境下，新学习进度（L）等于或大于变动率（C），即L=C或L>C。这意味着商业动态应推动企业终身学习原则的实施。

除了这种最基本的战略关系，围绕“学习范围和内容”话题的第一个层面也值得讨论，即“他们该学什么”。

关于学习专业化程度和广义学习的可能机会范围，详见图14.1。

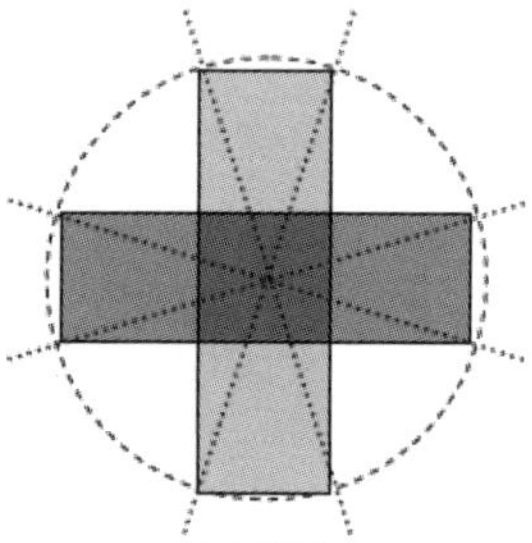

图14.1　学习维度评价

有些观点支持以下总体设想：级别较低的组织应先强调专业化和深入的职场学习，随着员工晋升，逐渐转向更宽泛的广义学习。这种观点似乎更多是基于传统培训和发展观念，以及有些过时的信息和知识需求认识而非基于学习能力目标提出的。

从“该学什么”到更高层次“谁该学”的讨论表明可供选择的内容增多，如图14.2.所示。四个表示宽度或深度的图标的位置表明学习选项的多样性，并指出评估和了解学习动态各个不同领域的相关性及益处的必要性。这种管理型学习组合方式打破了制定学习策略的常用思维模式，即学习过程是自上而下、一维的。

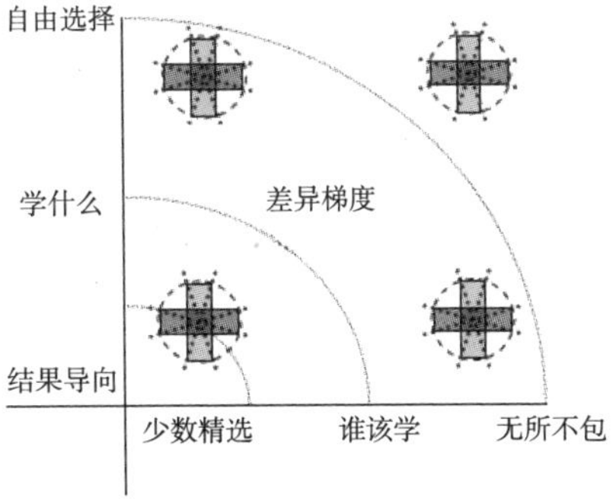

图14.2　学习供给的差异梯度

学习策略的风格可以决定学习计划，这四个图标的参考位置可展现该风格的特征。

- **自由选择/无所不包**

主要策略重点：利他主义以及暗示社会责任和职场学习。

- **自由选择/少数精选**

主要策略重点：业余时间、基于校园的、强烈反映式、自我导向型。

- **结果导向/无所不包**

主要策略重点：大学式方法实现各个层面的业务成就；思和行并举。

- **结果导向/少数精选**

主要策略重点：专注于高附加值的回报型学习；思和行并举；有时被视为精英主义者。

这些学习范式会发生许多中间的变化。战略性学习管理观点的主旨是许多形式的学习供给蕴含无限潜能，可以随着时间灵活应用以满足日益变化的需求。然而，在每个图标区域，关于学习内容“专业化对比宽泛化”的争论依然存在，但是每个领域提供的选择项范围受限于相关学习政策的本质。

从学习策略制定角度看，有优质的学习过程组合可供选择。在L=C或L>C情境下，每一种都在时间和内容上具备不同程度的相关性。

然而，在不了解企业组织学习环境的更宽泛的本质情况下，制定学习策略是天真的行为。这就引出了人们如何学、在哪学和何时学的问题。

考虑集群发展的影响

许多组织正在进行的学习过程及其环境构成了一个非常微妙和复杂的人际关系、功能联系和沟通渠道的框架。但是，他们必须积极工作，否则公司将不会存在或将不能正常运转。这种学习条件可能很弱或很强，但对公司的竞争表现至关重要，学习策略应该认识并连接这些动态的当前状态。

通过理解学习集群动态来管理学习方式、时间和地点的想法源于对经济部门成功的商业集群动态的研究。工业和商业集群已形成并围绕由多种因素构成的特定商业协同作用网而蓬勃发展，如地理位置、资源获取、技术、文化和市场集中度。

当然，要想集群取得成功，必须有许多支持性的中央和地区政府基础设施元素。在提供主要集群发展力量的公司中，有一些重要的所有协同作用所依赖的发展能力，以下列方式进行识别和描述：

- 公司之间高度信任、合作良好；
- 这些公司具备协作和吸收集群动态的能力；
- 公司拥有合适的学习结构和流程，能吸收和传播新知识；
- 公司具备运用吸收所得的新知识的良好战略能力。

在公司层面，这些是工作集群的共同激励参数，需要进行评估才能制定合适的学习策略。它们的意义重大，我们知道学习应该与行业部门的最佳实践联系起来，需要识别企业的主要学习集群动态，公司应能管理如图14.2所示的各种形式学习规定的输入输出指标，以及执行行动的能力应该是学习策略的关键组成部分。

从工作集群模型中得出的学习议程形成了强调不同学习目标的课程，以及那些推动学习策略的课程。

例如，学习集群策略将强调以下目标：

- 获得深入的商业领域知识和与互补业务或相互关联的业务进行外网互联；
- 了解如何让你的生意“兴隆”起来；
- 了解如何以及在哪里获得新的相关知识；
- 了解如何通过战略战术的实践推进变革。

在制定学习策略时，第一次强化评估诊断集群概念阶段是必不可少的，此阶段涉及所有竞争力绩效联系，并收集有关公司目前学习集群方案的贡献的依据。

它们是集中的还是分散的？

它们有多正式？

使用可靠的组织分析工具开发一套严谨的调查方法，并确定其在工作环境中的力度和效率是很重要的。根据对公司集群拓扑结构的调查结果，有可能确定其发展的萌芽阶段、已建立阶段、成熟阶段或衰落阶段，从而通过良好的学习管理干预措施进行潜力规模的提升。

学习政策发展的方式、地点和时间标准对于将学习转化为行动更有意义，如以下形式：

方式

（真实模式体验）

时间

（实时）

地点

（在现实公司中）

通过这种方法并基于集群制定学习策略议程为组织的学习引入了一个层次、方向和优先级，此组织学习解决或消除了与学习相关性相关的许多附带问题。

在引入有效的学习策略之前，这是改变鉴赏力的前奏。

个人与公司的关系

在解决学习相关性的问题上，应取决于个人和与其公司的关系方面，这并不奇怪。

人们常常错误地认为，在一个企业中学习越多，就越会自然而然地使一个企业成为一个更具商业气息和文化创造力的商业场所。当然，也不乏这样的可能性，在实现这一目标的公司里工作的员工会发现在那里工作是一种真正的乐趣。但这并不是一件一蹴而就的事情，这是一个循序渐进的过程，它取决于企业成员的福祉、善意和认可。毕竟，员工才是学习的消费者，他们在进修计划、产品和服务方面变得越来越有鉴别力。因此，重要的是，他们看到自身努力的价值，公司的期望和所提供的回报与他们自己的想法处于对等或平衡的状态。学习管理的一个非常理想的目标是在双方都不妥协的情况下实现共同幸福的定位。

关于工作、生活危机和平衡的问题以及每个人在工作中与公司的关系，是制定可靠学习策略的关键性考虑因素。每个人与公司之间的心理契约是什么状态？它不能由任何单一的因素来定义，但很明显，在他们考虑做出改变之前，他们的工作是如何设计和组织的，以及他们如何看待自己在工作中的自由程度和工作自主性是非常重要的考虑因素。而学习则意味着心理契约状态的转变以及对工作行为的重新定位，这针对的不仅是学习者，还有所有与之接触的人。

这得益于个人与公司之间的伙伴关系和相互关心。如果这种鼓励和条件不适合学习，它将被视为另一种管理方案的例子，或者仅仅是导致工作压力水平的混合。对于工作中个人在幸福状态下能量的释放，以及工作挑战与个人和团队能力匹配或不匹配时所释放的积极或消极动力，人们进行了大量的研究和书面报告。然而，当处于平衡状态时，一旦个人的幸福感与企业的幸福感相吻合，就会促使人进入一种“处于流动中”的快乐状态，而这些情况几乎不可避免地会产生一种强烈的动力，促使人们去发现并增进了解。

管理有方的学习干预能够显著地促进组织和人员“处于流动中”的状态，但这不是单方面实现的。在“从个人满意度和职业发展角度来看，这种学习能将我们带到哪里？”这个背景下，咨询和指导是关键要求。这是引进学习方案的基本框架。

管理学习相关性就是将公司发展及个人绩效管理建立相应的联系。一个精心准备的学习策略将考虑到所有这些因素，并认识到每个人所说的强大的学习过程本身并不是一个解决方案，而是广泛变革机制的一部分，并不一定非要成为第一选择的平台，它需要嵌入更广泛的业务开发干预框架中。

对自己的学习负责

一个成功的学习策略将为组织和个人关系带来一种新的意识。实现这一动态的基础是个人对他们学习方式特征的觉醒，以及他们如何通过基于工作的项目和其他形式的公司赞助学习规定来更有效地管理自身的学习过程。

对自己的学习负责会带来新的责任

学习是个人进步的一个过渡，从对学习的鉴赏到熟练地管理学习，最后到管理学习的结果，这些是个人发展的关键阶段。就本质而言，战略学习管理的终极目标是创造机会，实时领导并应用从学习经验中获得的每一点知识。这就需要了解一个组织的增长和发展机制，以及围绕这些机制的混合学习基础设施，将有助于增加个人为自己和公司取得成功的可能性。

在知识时代，企业的成功更多地是通过企业领导的各级知识分子领导力来获得竞争优势。这是一场持续不断、越来越复杂的思想斗争，目的是在商业的各个方面寻求优势。

公司中一些最具影响力的发展学习活动，源自那些积极上进的学习者，这些学习者如今都在一线从事商务活动。专业泛化问题效应并不是真正影响他们选择话题或主题的因素。因此，战略学习的架构师不应该控制个人的学习计划，因为不存在最终的答案。这是一个发生在应被培养的个人层面上关于判断和选择的问题，很明显，一个维度可以为另一个维度提供灵感，它是学习检查替代方案并继续前进的过程中风险管理的一部分。

本章改编自以前发表的作品：理查德·迪尔特里.管理公司学习策略制定中的学习相关性问题[J].翡翠工作场所学习期刊，2002，14（5）。

参考文献

波特 M.集群和新的竞争经济学[J].哈佛商业评论，1998（11–12）.

波特 M.地点、集群和公司战略:牛津经济发展手册[M].牛津：牛津大学出版社，2000.

斯太摩 G.职业路径鉴赏和职业路径规划.BIOSS，1986.来源于ww.bioss.com.

斯太摩 G.工作中的幸福和压力[J].今日员工咨询，1991（3）:3–9.

第十五章

实时企业大学成为现实

- 简介
- 开创性想法
- 系统干预
- 学会做一个高成就的人
- 了解和纠正发展动态
- 在驾驶舱内驾驶企业问题模拟器
- 实时发展的挑战

简介

本章介绍了企业大学的发展特性及其实时发展实践的紧急性，显示了如何拓展某些传统管理工具箱的容量，以及如何将其与新的学习过程模型相结合，以应对不断变化的环境所带来的挑战。也强调了概念论思维桥接战略理论和实时学习实践，在企业大学教师完成任务和履责中发挥着越来越重要的作用。

本章还讨论了传统教育模式中采用的智力风格发生重大变革的需求，也展示了图像模拟的作用和管理思维的运用，以加速建立实时战略学习转移过程中重要的管理者技能。

本书“第六章　企业大学管理的学习曲线”显示了一个真正有效的企业大学的作用，不同于传统企业培训和发展功能及外部机构的教育模式。

企业大学管理学习在学习曲线上有很多障碍，尤其是那些再常见不过的组织拼凑和空白区域，这些区域需要整合和填满，从而达到一种组织流的状态，而这种状态是实现同步战略业务契合的关键。

成熟的企业大学正是在这种联系中发挥了主要作用。智力风格和文化的建立与启动符合组织现在及未来的需求。它不仅是一种为高层管理人员提供机会，为思想领袖提供创造性环境的媒介，而且还在推动变革过程中发挥着强大的作用。

因此，这种媒介最重要的作用是激发共同创造性思维，以及开发综合转换工具。若将其运用到企业大学的设备中，该组织无须革新和使用它们。

开创性想法

打破传统的思维模式的最佳方法是什么？在很大程度上由单向知识传递为主导的传统智力风格和实践实际上阻碍了这种思维模式的发展。对于许多进入企业大学领域进行实时学习的新人而言，这是一个困难且根深蒂固的问题领域。

不幸的是，这种倾向是借助于已知的、经过试验和测试的传统培训及发展实践，并伴随着各种各样的问题转换，例如，当主要的焦点应该是要为实现组织效率和战略性企业绩效做些什么的时候，要授权还是不授权呢？甚至连企业开发解决方案的命名也仍是企业管理中须克服的最大障碍之一。

企业学院有越来越多的名称，如虚拟大学、学习机构、企业管理学院、企业商学院、学习型组织和在欧洲备受青睐的企业学院，企业大学则在美国十分受欢迎。

这些名称背后的企业大学概念的许多衍生产品通常包括不同范围和质量的资源，一些仅仅是头衔和代表性姿态，而另一些代表带有新标签的传统企业培训和发展功能。然而，其他企业采用完整的企业大学概念。该概念远远超出封闭的组织职能，并提供浓厚的学习氛围和条件，因此思想领袖力能够在实时和多层次的管理中蓬勃发展。

所有的实地研究表明，企业大学决策需要更严格的方法且应变得更严谨。良好的可行性研究很少，而且研究频率也不高，且诊断工具也很少用于评估起跑线。

系统干预

本章继续探索如何进入更积极广泛的学习氛围，这种学习氛围与成熟企业大学的智力风格更相称。若通过这种方式这些发展的潜能越来越为人所知，则这些维度可在可行性研究阶段进行适当说明，随后作为一种让企业大学教职工的思维沿着学习曲线向上发展的媒介。

应用于创新模式时，一种特定的客户体验强调每个所选学习管理过程的重要性和商业价值，同时也说明良好的企业大学管理和教职工对提供一个发展方向做出的贡献，从而在组织面临压力时能够实现更快的发展。

参与本次特殊商业主导学习过程的经理人认为，经历这一过程之后，他们已经成为更好的经理人并且在实际中十分享受他们恢复完全清醒的工作方式。他们想进一步推进这种经历，也想了解自己如何才能依靠这种经验来学习。他们想了解更多实时学习过程本身。

因此，小组利用本次机会批判性地审查了这种共享经验并评估已经使用的干预方法。他们考虑在使其更显而易见的同时如何将其运用于下一层次。

从这些反思中可以看出，过程和相关管理工具箱可进一步改进，并且经理人可进一步前进，沿着这条路径在实时发展思维、决策和行动过程中达到更高水平的主管能力。

学会做一个高成就的人

怎样才能学会做一个高成就的人是一个悬而未决的问题。这是关于主动学习方法的设计和执行的问题，这种主动学习方法将培养非常特殊的、可在特殊个体即高成就者身上找到的能力和领导力。因此，目标是通过促进实时学习过程让更加广泛的领导层集体释放更多的潜能并形成高成就能力。

为实现该目标，最重要的是“启动”创新思维过程并鼓励经理人进行新的基础表达，从而激发他们的想象力，在特定点及时产生与其想象融为一体的意象基础。重要的是改变大多数经理人可能关联并拥有的想法及观点，从而在每天实时管理过程中影响他们对解决问题的看法。

如果高效管理团队为获取成功而形成个人和集体的动态环境，则必须设计出优质代表性心理意象。若要实现较高流动水平，则主要过程意象必须满足以下三个标准：

· 心理意象需要从现实生活环境中获得并与管理小组已经熟悉的物理、科学及自然场景具有情感联系，从而能够在引进的学习过程中掌握共享愿景。

· 他们需要使用能够突出其决策结果观点的工具箱。

· 他们必须协助释放那些被称为“文化建筑师”的经理人潜能；这些人愿意承担责任，积极主动，从前到后领导整个过程，并能积极地影响特定管理人员小组的前瞻思维。

获得时间、空间和人员动态的需求，并逐渐全面地改变我们的思维。从无所不在的一维管理模型到不太精确的类别（基于隐喻和仿真）。相对而言，人们曾经认为这种发展思路结合更接近“泥浆摔跤”的动力学和技能，而非智力风格的“下棋”。

心中的目标是促成一个共享并且合作创造的学习情境，其中经理人实际培养出了一种能力，使其能在虚拟的环境下体验他们的学习过程和实时情境。

通过体验这种仿真学习模式，预计经理人将每天能够在实时生态系统中更理性、机警和客观地管理变化和发展。

以下章节说明开发的心理仿真过程以及企业大学的思维和干预方法如何对经理人产生重要作用，促使他们实现较高意识流，从而在实时商业发展过程中权衡自身的表现和组织效力。

了解和纠正发展动态

经证明，初始干预过程中使用的动态四点（优势、劣势、机会、威胁）分析工具箱有很高的价值，在管理公司实时动态过程中能够获得新的开放性、使命感和信心。在客户应用层面，其超出许多经理人员强加于自身的基本或现实挑战的情形。

但是，反馈为更高水平成熟度提供了依据，这种成熟度将会被多次使用，会对所有经理人越来越有益，而不是仅仅对少数的特殊人员越来越有益。

目标是通过以下方式明确表达生态系统事件，从而使经理人不只是机械地遵循识别问题动态并指定四点（优势、劣势、机会、威胁）分析法的过程，而是使其必须掌握更深入的思考方法，而且这种方法能够自动地推动他们向前发展，目的是取得意义更大、更具相关性以及更有自信的解决方案和执行措施。

学习过程认知

为了实现此目标，该小组首先从两个不同的视角呈现系统干预过程，增加了当前思维的深度。第一个观点，如图15.1所示，阐述了心理活动的垂直动向流程，该心理活动通过利用更高层次的竞争性和卓越的商业优势来推动变革和发展。

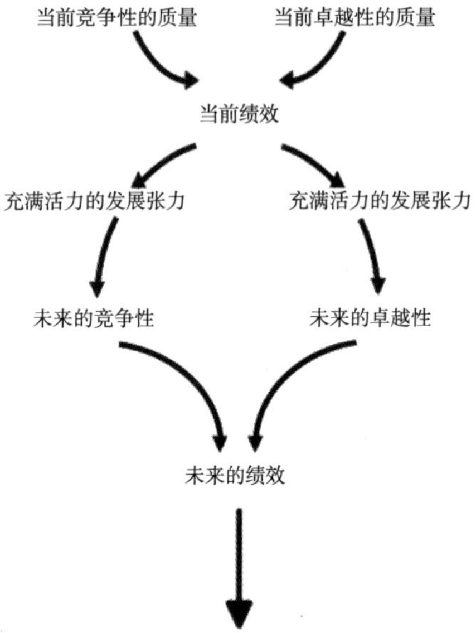

图15.1　竞争性和卓越性发展张力的合力

第二个观点，如图15.2所示，是一个学习管理过程图解，阐述了随着时间的推移，持续发展的学习过程事件的连续统一性；不断建立和扩大知识和管理能力。

图15.2描述了实时问题管理过程的核心，或该公司的DNA生命螺旋。这些都是学习过程的动力线，承载着思维能量并规定其制定规范。该公司所有的能源问题环节都源于能量流和中枢神经系统并与其相联系。

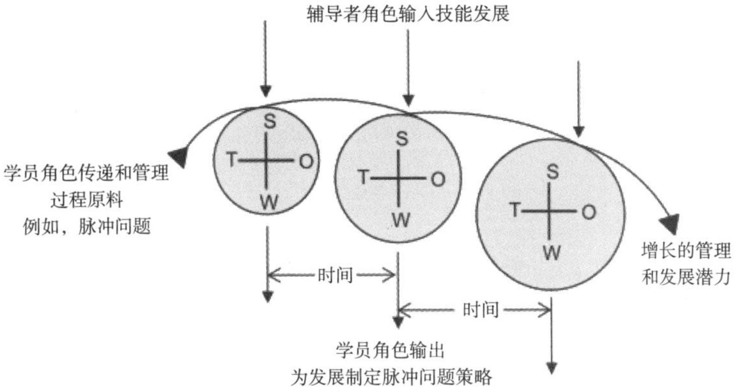

图15.2 迭代和增长的实时发展过程

通往实时管理的大门

从关于学习过程的讨论到实时学习管理工具箱的内容，都可选择某项工具箱给学习过程进行赋能。

使用图15.3 和图15.4阐述核心发展问题的主要特征，从而进一步增加管理人员对过程中的互动的理解深度。

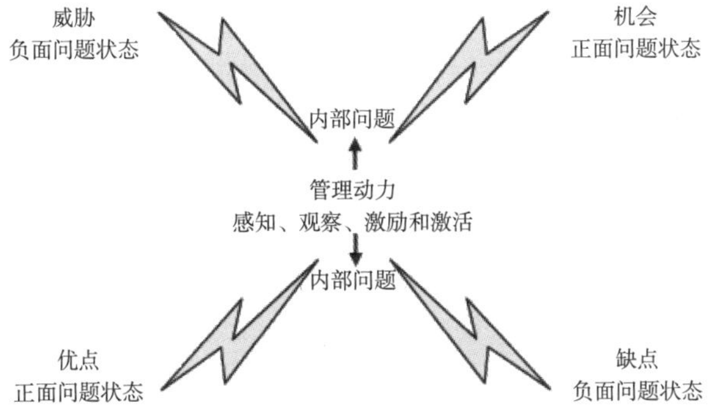

图15.3 问题动态属性

图15.4 是反应矢量图（RVD），说明了很多可能存在于脉冲问题间的动力关系，这可能作为一种增进理解其诸多结果的手段。

重要的是理解Ss、Ws、Os和Ts之间关系连接的含义。每个外部问题的力量和能量，O或T，应战略性地启动管理反应，这要么抵消或减轻威胁，要么从机会中产生真正的利益。而只有资源基础中关于优势的实际知识能够将这种机会转换成企业的成功因素，才能评估这种机会的潜在优势。

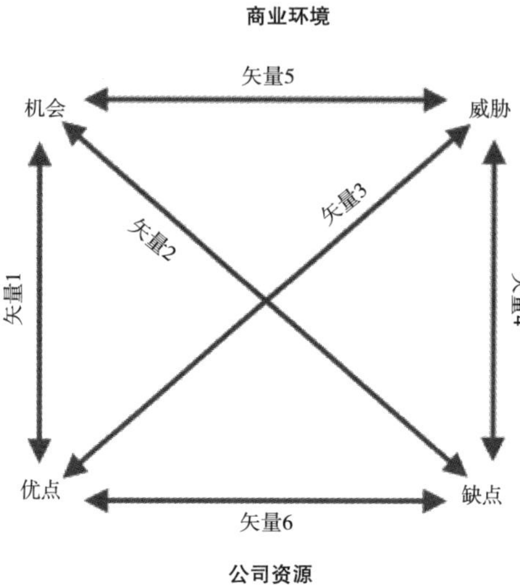

图15.4　反应矢量图（RVD）整个生态系统的问题影响动态属性连接

我们经常听到的关于“发挥优势”的评论是矢量1连接的实例。

管理人员已在最初干预个案工作中开发和使用战略矢量矩阵（图15.5中所示的三个例子），代表了结合其各自生态系统中所有的动力问题属性“读数”的结果。这些指标是通过利用重量和平衡问题的属性获得，以产生其效果的整合，从而绘制出一个“曲折”点以代表所有发展问题影响的重心。笔者已重新审视这些战略性矢量指标，而且已仔细重新检查其暗示的不同分布图的制定含义。

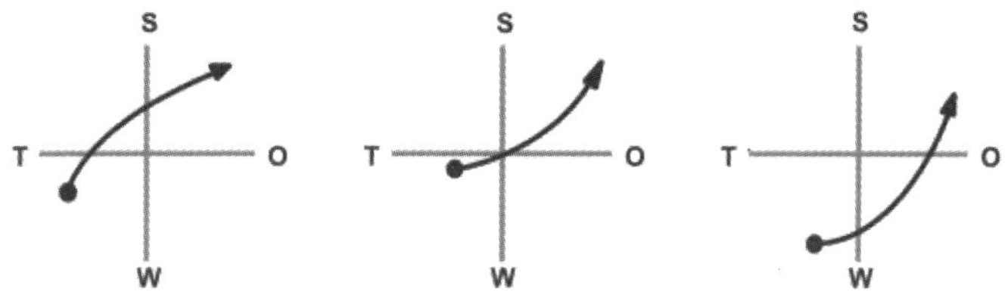

图15.5　不同战略组织和发展资源的开拓者向量

下一步是将学习过程观点和工具箱移动到一个更有活力的环境中。

在驾驶舱内驾驶企业问题模拟器

若想熟练掌握实时管理，成为高成就的管理者，就必须熟练运用想象力。他们必须建立自己的心理多媒体能力，通过这些能力可以充分地表达他们的生态系统的动态。

实现这一点的一种方法是在活动的另一个领域中对实时事件进行可视化或模拟。例如，当你坐在办公桌或工作台后面时，把它想象成飞机的座舱，你正通过飞机的平视显示器查看所有重要的情况和地面特征，这些都将影响你对飞行路径的选择（见图15.6）。

这个关于飞行甲板的想法为连续的事件可视化提供了一种动态的实时思维定式，并能为任何时刻正在发生的事情提供看法。其目的是借助一个更具体和动态化的情境来刺激感官。这是一个可以在想象中创造出非常具体的图像的视角。

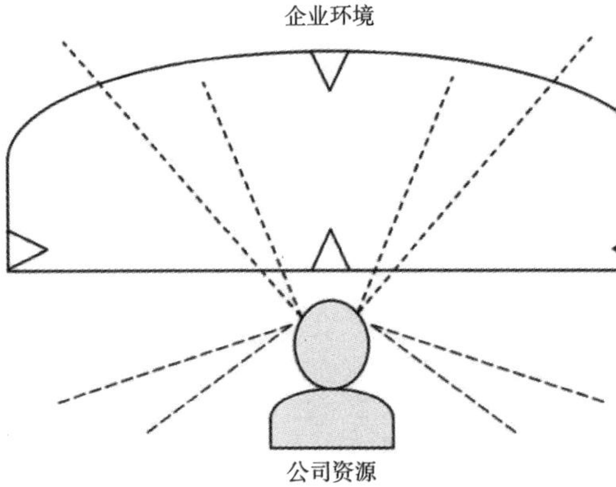

图15.6 平视显示——企业问题模拟器

在企业中，影响飞行路径选择的重要特征是生态系统问题，而驾驶舱或飞行甲板视角则是模拟和连接这些动态的一种方式。

管理人员的生态系统中存在的商业环境和组织问题通过对飞行环境和飞行甲板仪表读数的主要特征的观察予以呈现。强化监测是至关重要的。这是实时的，能根据你正在驾驶/管理的飞机/公司的资源能力对多变的地面轮廓外部特征和飞行气候条件做出反应（见图15.7）。

这是一个极好的视角。因为你并不会以非常有限的视角去看待我们的环境，在地面上的矮灌木丛中苦苦挣扎，也不会不着边际地胡思乱想。结合空间感、运动感和时间跨度，你能对所有这些重要的东西有一个好的更高层次的视角。

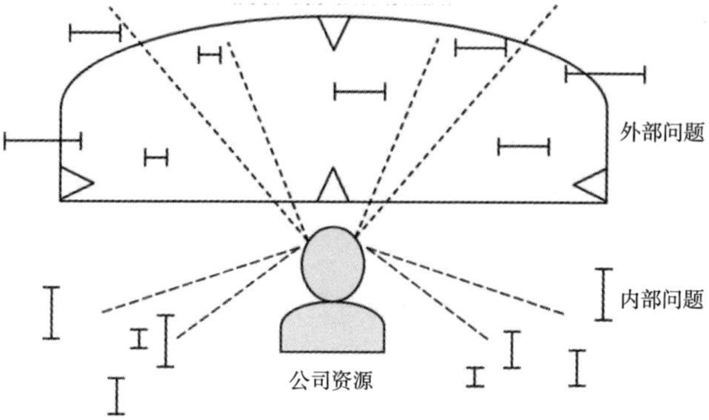

图15.7　平视显示——问题观察

随着事物的出现和消失，我们需要一直预测、评估和采取行动，不断修改和微调飞行路径方向，以避免陷入可能的灾难。

问题：在这样一个想象的背景下，作为贵公司的代表，你会驾驶哪种类型的飞机（资源基础）？它会是高速遥控自动驾驶仪，还是一架巨型喷气式飞机、一架直升机，抑或是一架笨重的运输机？它如何与飞行环境进行竞争并对其做出反应？

你可以用你的大脑“雷达”来观察前方的情况，确定会影响你在这条战略飞行路线上关于进程和方向的问题。有些问题是小的，有些是大的，有些位于近处，有些是中距离的，有些则是位于远处的地平线。问题的时间框架视角等同于短期、中期和长期的公司动态。

读仪表板

你现在可以通过观察这些问题的性质和潜在重要性，以及它们对我们进步产生的积极或消极影响来提高你的技能。

这些问题现在通过它们的定义特征得知，它们的动态可以根据激励属性进行分类：优势、劣势、机会和威胁。这些是必须响应的动态力，如果你想要朝着正确的方向前进，这是必须管理的情形。

将此信息添加到可视化仿真中，如图15.8所示。

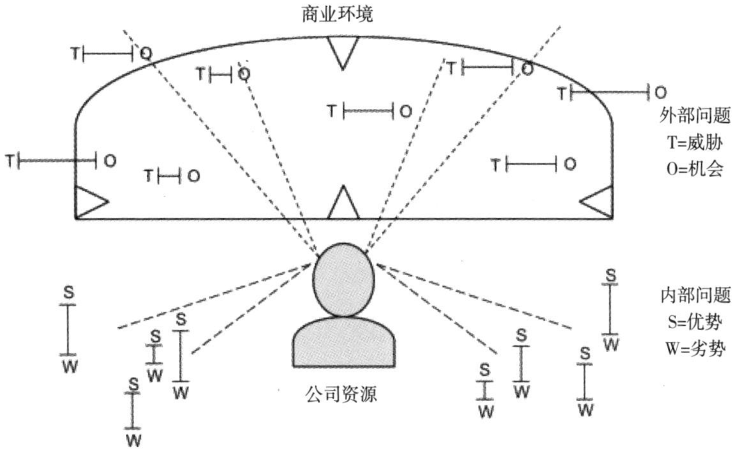

图15.8　平视显示——问题动态决策

在商业领域，飞行仿真多有不同或相似之处。有没有人费心制订一份飞行计划，或者只是单凭感觉飞行？你是否有效地与你目的地的所有人进行了沟通？资源在日期、维持性和适航性方面达到了何种程度？将有其他飞行器试图以竞争对手的姿态主宰空域和地面资源。

通过此种方式，或任何其他合适的方式，戴上虚拟现实“问题眼镜”，使用影像来感知和定位脉冲能量场并填充无法看到的内容，而非你感觉到的东西。坚持不断地询问你的组织在商业生态系统中尝试做什么，并询问让你有能力做这些事情的资源的位置、功能和约束条件。

建立了生态系统的公司在动态的预期读数方面，无论是在严重及紧急问题的质量和数量方面，你都可以添加一些仪器读数，以阐明在做短期决策时下一步应该做些什么。

图15.9表示用于混合原色的调色板，原色有助于为获取成功而进行问题决策。基

于对管理成功心理学进行的研究，这是添加到驾驶舱仪表板的附加仪器读数。

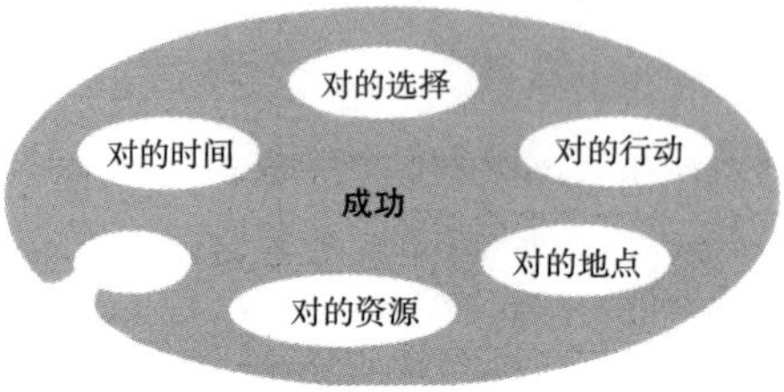

图15.9　成功即为在正确的调色板上将原色混合

在成像过程中，定义一个可视化工具箱是一个简单步骤，此工具箱将提供一个判断依据，来定义将要调出和处理的问题的可行性或准备情况。星形图（见图15.10）是特定问题发展状态中临界状态的视觉再现。

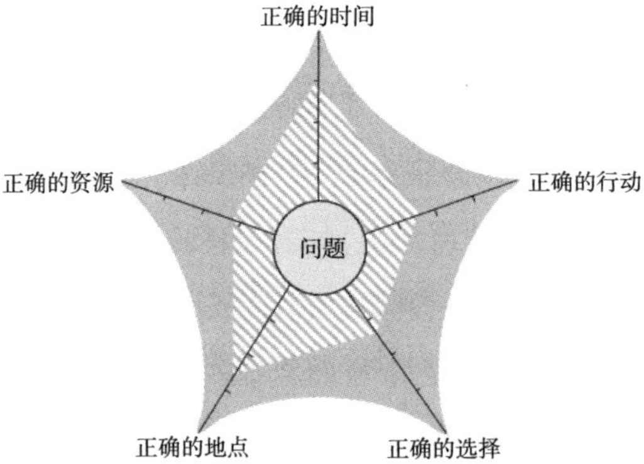

图15.10　正确的效果图

问题星形图上的点是基于5个方面的驱动力用“10分制”评分来标注的。每个5-对驱动力分数沿着图的五个臂径向绘制；10分是外部点，内圈是零点位置。

星形图显示，在将问题的发展状态提升到可能有成功结果的水平时，有许多因素需要评估。有必要从各个方面仔细规划问题资源和管理以尽量降低失败的可能性。

5-对分析工具箱是每个管理者生态系统动态中交互状态诊断图像中所要应用的最终全面管理。它在所有问题中的应用如图15.11所示。

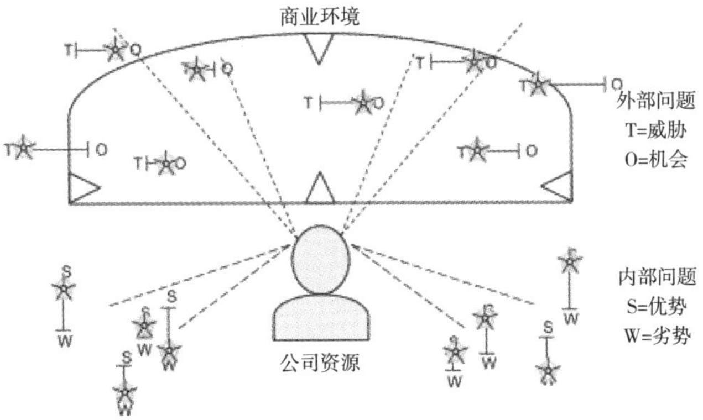

图15.11 平视显示——5-对问题动态筛选

5-对星形图显示了脉冲问题的“属性状态”和五种成功驱动力的发展状态。从驾驶舱可以直观地看到完整的问题场景。虽然管理者是这些能源领域中许多主要脉冲问题的发起者，但在很多时候，当务之急是承担大量公司先前决策以及这些决策产生的一些二级和三级问题的后果——动力效应。

从这一场景来看，管理小组现在的任务是解释和决定如何处理这些问题。将这些问题集群转换为战略矢量矩阵成为最后一块影像，这是为优先把资源用于问题解决做准备。

这个相当特别，也许是不同寻常的旅程包含了很多重要的、为所有参与者提供的实时学习活动。然而，这是一个非常明显的学习事件循环，可以被带走并重复地实时使用。

实时发展的挑战

人才发展是当今时代的战略重点，但如果要培养新一代能力较强的人，许多现今发展过程的决定性特征必须向前发展。经理人更主动、头脑更敏捷是在商战中生存所必需的，挑战在于如何实现这种生存状态，因为组织关系和智力风格的变化所产生的影响是显著的。

本章概述的经验表明，在组织角色和积极主动行为的强度水平上需要产生实质性改变。这些改变要求更高水平的思维型领导和经理人生态系统中新文化的学习，而不是主要对企业的需求做出反应。

如果组织要跟上企业的运转和变革，那么学习过程中强制性的新创新是不可避免的，这些必须融入管理者的日常环境中。当然，如果管理者要掌握不断变化的业务动态，这些过程设计将得更具折中性。

企业大学的介入，带来了更高水平的实时管理能力和组织效率。当它作为企业的协同创新努力进行推广发展时，效果很好。

另外，管理者希望通过选择工具箱和抒发己见，更多地了解他们新发现的能力，以及深入分享学习过程的进一步发展。企业大学的所有老师都希望找到新的更具创造性的发展解决方案，并且希望战胜必须克服的高难挑战。

企业大学中的老师们设计了各种严格的磨炼，并把它们变成了推动思想升级的催化剂。有趣的是，他们在管理学习过程方面的创新极大地推动了有效实时管理科学的进一步发展。

注：“商业生态系统”在接近实时发展时是一个受欢迎的术语，因为它意味着一个更加持续的交互式动态环境，该环境是活的且必须不断适应积极和消极的变化以保持可行性。

本章改编自以前发表的作品：理查德·迪尔特里.实时企业大学成为现实[J].翡翠工作场所学习期刊，2002，14（8）。

参考文献

迪尔特里 R. 动态SWOT分析：开发人员指南[M].伯明翰：DSA出版社，1994.

科特. J. P.组织动态：诊断和干预[M]. 波士顿：Addison Wesley出版公司，1978.

第十六章

企业大学在学习型组织创新新时代管理中的作用

- 管理者及其工作情景
- 定义新时代情景
- 管理成果
- 混乱的联系
- 关于实现动态共鸣的学习
- 动态组织
- 总结

本章引入了一些与管理组织性学习所采用的方法和未来战略相关的激进新时代想法。通过回顾目前所学和知识管理实践以及相关组织内的概念发展，从经验中获取那些浮出水面的更全面、更集中的思维范式。

管理者及其工作情景

在最近一次高级管理者会议中，一位管理者说道：“我认为，我在过去20多年所经历的一切的价值现在看来都已经过时了或者是多余的。”

一个赞同其观点的反应更简单：“加入俱乐部！”

这些评论代表了国外很多组织遭遇的挫折。没有人告诉这些管理者，确定其经验价值的情景正在飞速地发生变化。组织和业务管理方面发生了一件划时代的大事，出现了获得新管理风格、领导力和想法的需求。如果不能正确理解，那么随之而来的就是对已获得经验、资质和技能组合的价值的误解，从而使得管理者无法规划或做出与其职业划时代事件相关的尝试。

如果管理者没有对改变自身进行正确理解，则其可能无法通过更直接和更具目的性的工作表现为组织的效率提升做出有效贡献。

本次新时代事件在学习型管理演变中的情景，不仅通过学习和应用明确的业务及流程改进方法对其加以理解，而且需要更深入地自我审视，以及为组织内的管理工作提供更广泛的情景。

本章探讨了几个关于创建和管理更广泛情景的观点。

定义新时代情景

最有价值的经验就是，与公司合作发展能够创建其非常需要的并且独一无二的企业大学实体。每家企业都有自己成功的“标志”，虽然这种合作创造的过程很艰辛，但却能够增加经验。这一发现往往令人惊讶，但是我们必须用批判的眼光，从其业务模式中心的关键合作关系方面审视该过程的起点。

针对管理学习和行动及其未来对动态背景进行有意义的洞察是起始基准点。所形成的情景视角是组织及其业务环境现实之间的关系状态。如图16.1所示，战略学习适应性，展示了企业大学在有效融合这两种动态范围时发挥的战略作用。业务目标是实现两个范围的流程，并且组织是根据其发展历程的时间、地点，以及其业务环境和动态发展阶段为基础而不断塑造的。

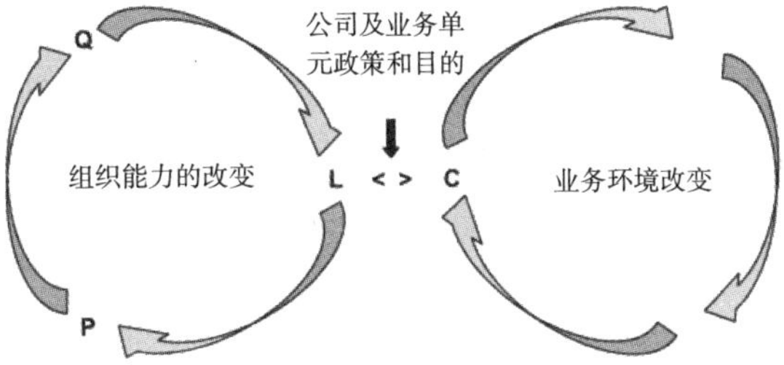

图16.1　战略学习适应性，学习L = C或L > C变化

许多管理者在创建其自身职业新时代时，面临的挑战就是动态情景已经在近几年发生巨大的变化，而且会因科技进步、全球化以及产品、服务和业务系统方面的创新而不断发生变化。同时当今时代知识创新领域的需求也不容忽视。

在尝试表达这一关系内在管理动力的过程中，我们从管理的角度会发现，“动态管理”能够捕捉和呈现此类动态。通过这个标题我们不难发现，管理者面对的是两组相互关联动态所带来的机会和挑战，而且每一组都充满激励性和推动力。这是一种运动的状态——行动和情绪——是一种在管理良好的组织中，持续、有机的发展状态能够实现“和谐共鸣关系”。

要实现两个范围之间的完美匹配的可能性不高，但是在一般的组织动态状态中，其往往落后于外部环境的动态。原因有很多，有时是管理层的傲慢和自大，在让组织资源改变时通常缺乏远见，而且速度也不快。另外，构造规模变化会导致组织受到不可预测的影响。

管理成果

新时代管理的挑战在于如何以持续稳定的方式管理这种相互作用，从而使得组织不会与其业务环境严重脱节或断开联系。显而易见的是，为了有效应对这种挑战，需要从传统和经典的管理模式方面做出非常不同的回应。在研究如何为这个新时代创建有价值的学习体验时，一个非常有效的办法就是观察其他人是如何理解发生变化的关键方面的，而这些变化将对组织发展的未来产生影响。

这些独立的管理形式并不互相排斥，但是总的说来，其说明目前正培养的是能带来更高层次思维模式的探索，而在这种思维中可以找到组织管理的复杂适应系统。这些都是确定紧急情景的良好指标，因而形成业务环境界面的组织动态管理系统。

混乱的联系

研究能够与既定组织情形建立关联性的关系管理理念，已经成为实现组织及其业务环境之间行动动态平衡的机制，并且能够为高层管理者必须形成和表达的新思想提供平台和激励因子。

当概念发展过程中不存在过渡，而是出现动态共鸣，相互冲突的能量状态会令个人的理想破灭。这些情感状态往往表现在，人们越来越以自我为中心，而且越来越具有自我保护意识，甚至因组织情形的失败而想去别的地方，或者产生憎恶、惧怕、痛苦和冷漠心理，甚至产生强烈的负罪感。所有与个人归属感需求相冲突的情感状态均存在一定程度的安全性和生存的可能性。

要对公司管理做出不懈努力，就要打破这一负面情绪循环，并且创建战略框架和过程，形成积极的激励环境。

但不幸的是，有一种经常提及的纠正组织分裂和病态诱导状态的解决方案——干预法——常常用来为组织和商业环境错位导致的后果做出应对之策，而不是形成有自发性共鸣以及联系紧密的文化和管理风格。当然也有很多的快速修复活动，可以让组织内的人感觉更良好。例如，通过创建多学科讨论组增强对话的紧张度，不失为短时间内非常成功的方法，但如果不能从根本上切换到新管理以及组织管理工作上，则问题公司将处于倒退状态，甚至会迅速瓦解。

关于实现动态共鸣的学习

组织与商业环境的关系缺乏对称性和积极共鸣，表明相关精确商业模式尚未得到维系。造成的结果是组织处于某种混乱状态，而且似乎不具备转化、引导动态变化和运动的能力，从而无法与能整合相应资源的相关执行反应能力联系起来。组织运营无方向，组织缺乏必要的同步性，在快速变化的环境中，组织陷入不断退步、被淘汰的深渊中。

了解并培养一种管理人脉广阔的、以商业为导向的界面新学习的能力是组织摆脱混乱状态的核心所在，也是更新重组可行商业模式的关键所在。如果时间允许，并且在各种资源都可用的情况下，就可以实现这一能力。然而，可以让组织制定这种恢复措施并且优先进行恢复的学习环境需从以下角度出发：

· 理解、清楚认识动态管理环境新型学习需求的性质；

· 重新定位最有能力处理特定相关问题动态分析的管理者的能力。

以组织到环境界面的计量经济学模型视图为例，这种视角有助于揭示这些动态的有效执行管理的复杂性。主要目的是以支持和维系共鸣的战略学习范式为媒介，提高什么可以做的意识水平并实现动态一致。此类模式关注所有主要交互变量及其相关问题的数量、范围和性质。在出现混乱或可能出现混乱的情况下，必须对相关问题进行管理，并形成一定程度的秩序。

通过这种方式，用环境模拟来定义动态。变量配置可用于开发相关执行管理能力模型。该结构具有双重作用，有足够的灵活性，既能成功使分裂状态恢复正常，又能成功建立一个与组织未来各级学习需求相称且不间断的有机学习能力体系。图16.2是实现该共鸣动态的起点，而共鸣动态是对各种重要问题集合的说明。图16.2可由多个商业分析模式生成。

图16.2 相关问题简述

该集合中存在众多不同变量问题，一些微不足道，一些却极其重要，但所有问题都有其意义，并存在关联。由于无法一次性解决所有问题，须对其进行先后排序，并按不同时间尺度进行定位。如对部分变量施以冲击，将难以全面预测对其他变量产生的副作用。该模式就本质而言属随机型，推动动态管理战略学习往前、往上融入大脑主导更为明显，在与精神资本相关的重大活动中，摆脱强调预定义自足式过程的单链因果学习范式。

然而，有一个问题仍然存在：为获取成功而解决问题时，谁应该管理隐含的知识，怎样管理这些知识？解决问题就是摆脱削弱激励性思想和行为的日益混乱的状态。其中一个备受关注的方式是围绕这些变量形成管理挑战和执行难度的层次结构，这将有助于确定学习需求的具体领域。对这些变量进行细分，并定义模型中不同层次的相关管理能力差异，这些变量与定义的挑战结构层次相关，也与管理能力相关。

该结构最终产生了一种发展，即图16.3所示锥形模型。锥形等距环表示与动态界面问题相匹配的管理能力/潜力级别，该类问题目前分布在已进行分类的相应知识结构中。通过这种方式，个人能力和潜力可与实时相关发展策略相结合，从而形成脱离混乱状态的某种秩序；混乱状态即所有人似乎都对自己目前该做什么、什么时候去做所知甚少。

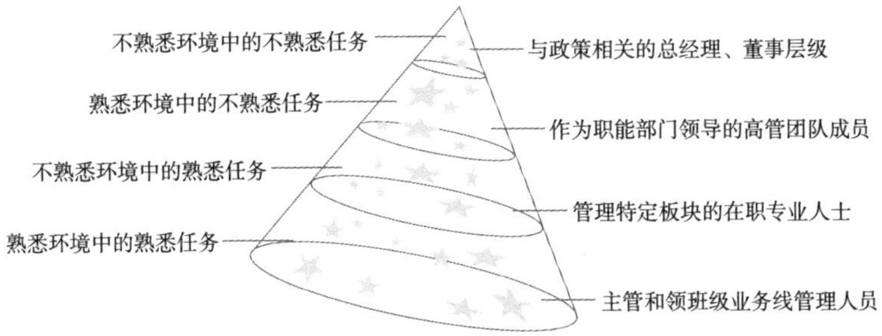

图16.3　管理能力的定位问题

这个以商业环境变量和管理能力调整为特征的锥形模型具有广泛的正面激励效果，将组织从上述混乱、消极思维、负面激励的状态转变为更有目的的学习、工作自我实现和自组织系统。自行探索新观念，积极支持网络化，保留进行尝试的空间，对掌控环境、产生新的解决方案充满斗志，尊重精神资本并为其出现腾出空间，都是激励环境发生积极改变的证据。

动态组织

引入工作关系时，组织结构、形式、资源供给和文化会产生巨大的影响。将组织看作联系项目、人、资源的矩阵式组织更为合适。然而，这些工作体系缺乏随时处于紧张状态的管理环境所必需的灵活性和自组织能力。

就微观经济模拟而言，构成交互程度高的动力环境的问题，其影响和生命周期均十分复杂。因此，有必要对组织能力管理概念和经验进行延伸和创新。

实现激励型工作方式意味着管理者有机会，在施展能力和发挥潜能方面有更大的自由。这表明关键路径分析（CPA）方式评估为全面评估，并按照个人处理相应级别战略、策略问题的潜能予以说明。

这种划时代的转变意味着什么类型的组织或商业团体才是一个令人兴奋的研究和发展的领域。调查结果显示，处于多领域、多目的问题激励体系的人需要理解向他们传达工作的模拟过程，并参与决策过程。然而，需要在更高层次上驱动问题的解决，组织和构成整体的“多个有机体”之间达到平衡，这是个一直让人感兴趣的领域的重要部分。

组织在实践中奏效。就理论阐释而言，当解决方案接近、涉及多个知识领域时，仍有大量思考、概念分析待完成。

目前正在考量若干强效模型，其中一个特定的相关兴趣领域，即个体如何就其当前所作所为向其他以问题为导向的管理层发出信号，以及该信号对多个体集群中的所有其他变量发展调控产生怎样的影响。

总结

在组织动态和更新的背景下，应用动能概念的优点使其强调了这一观点：组织始终处于不断运动中，并依赖持续的主动运动来产生效果。如何维系、引导能源产生运动尤为重要。如由各级员工动量产生的能源产生萎缩、接近停滞状态，组织影响会变得迟缓，其动态能量会出现逆转，造成混乱。组织多次处于混乱边缘，这也是学习管理时间点的特征，即是否对失稳现象进行有效管控转为正面力量。

为形成以动态管理概念为基础的管理文化和管理经验，需要最高管理层围绕每日驱动、重塑的自组织体系的管理提出大胆的新举措。这其中暗含最高管理层形式和能力的变革，即打造最高管理领导层的新形象，服务型领导者通过不断发展的精神资本，坚守崇高价值观、践行管理艺术。还涉及拥有超越情商的精神智商。

将学习作为一个主要的多种变量纳入计量经济学模型是基于组织再生经验而得来的。总而言之，该模型给管理层提供了有效的决策支持体系，用于整合战略学习管理。动态管理模型是对卓有成效的企业大学蓝图模型的延伸。如果组织要进行复杂性管理、成为自组织适应实体的话，则该模型会在制订必要专用解决方案时产生作用。

事实上，所有组织均处于混乱边缘时，在文化氛围正常的情况下，这种失稳现象可激发认识、新思维和积极行为。对于处于混乱状态的组织而言，总有产生动态一致的一线生机。然而，在竞争日益全球化的环境中，紧紧追赶前者的行为是不稳定的，而且代价极大。将竞争始终保持在良性状态则是更重要的生存本能。

本章改编自以前发表的作品：理查德・迪尔特里.企业大学在管理学习型组织时代中的作用[J].翡翠工作场所学习期刊，2006，18（5）。

参考文献

L.埃德文森，M.S.马龙.智力资本[M].伦敦：Piatkus，1997.

H.加德纳.智力重构[M].伦敦：基础书籍出版社，1997.

D.霍克.混序时代的诞生[M].旧金山：贝瑞特—科勒出版社，1999.

Q.史密斯，L.N.奥克兰德. 时代变化和自由[M].纽约：劳特利奇出版社，1995.

G.斯坦普，C.斯坦普.工作中的平衡：目标、人员、战略与结构之间的协调[J].国际职业管理期刊，1993，5（3）.

D.泰勒.一览无余的领导者[M].伦敦：斑塔姆出版社，2003.

D.佐哈尔，I.马歇尔.精神资本，我们依赖的财富[M].伦敦：斑塔姆出版社，2004.

第十七章

组织中终身学习课程的设计和管理

- 工作激发学习过程设计创新的产生
- 课程设计创新环境
- 过程创新是否会遥不可及
- 学习过程创新管理观点
- 动态学习管理——确定过程设计参数
- 语境影响管理
- 结合过程优化的关键性影响
- 设计是创新的核心动力

本章是与客户组织开展广泛终身学习过程设计最佳实践的提纲概要。由于很多创新发生在工作本位学习管理前沿，本章能提供的可靠已发布的信息有限。

工作激发学习过程设计创新的产生

2008年11月，在以“学习设计和Web2应用程序”为主题的英国学习和发展协会（BILD）联络活动中，代表们认为对于新的专业组织来说，如英国学习和发展协会，仍有必要填补专业学习课程发展领域内出现的空白。这也重新唤醒了开拓精神的本质，这种精神对于向学习过程设计及其管理的重大创新赋予生命和活力所取得的进展来说是必要的。

讨论中所产生的关键问题指出了被动的正式提供课程和工作激发动态课程之间某些悬而未决的选择问题。例如，学习过程设计者需要什么？考虑能够对孤立产生影响的电子学习技术是否现实？技术能否解决某些特定问题并在学习者的发展中引发其他问题？强调为教学需求量身定制电子学习技术是否会限制工作本位终身学习中的电子学习创新发展？

本章复习了工作激发学习过程设计管理及整体语境法概述方面的有机过程经验，试图揭露成功的工作本位学习过程设计和实践在全部范围内的影响。

课程设计创新环境

英国学习和发展协会的问题激发了对20世纪80年代所进行的工作的回顾，“黎明前的电子学习”的研究，重新审视了“设计和过程”实时通信和行动学习方案案例工作档案。原始动作学习过程受那些家喻户晓的同事启发，如瑞文斯、彼得·哈尼、艾伦·芒福德、乔安娜，以及所有著名的权威机构，来自政府、商业和工业的高级人力资源专家，其定期在英国白金汉宫的国际管理中心（IMCs）网络集团会面。

国际管理中心网络集团提供高动态的创造性思维和过程创新环境，以发展工作本位行动学习概念和实践为中心，并由瑞文斯教授倡导。其结果是在当时的组织情况下，动态综合工作本位课程过程打破了管理学习和发展的传统学术过程思维模式。

学习相关性问题、实时学习过程管理、最新课件的使用和质量、个人学习技能、合作学习能力、学习环境评估，最后且重要的是，学习成绩和结果评价的新方法，它们仅仅是过程创新及发展领域中的一部分，这一领域带来了很多必需的新思维及专注于个人发展实践的学习者。

突现过程解决方案对于方案参与者及其组织产生了较大的益处。一个案例中，该地区用28万英镑的项目投资额在两年内产生了2200万英镑的储蓄和收入，同时培养了一批高素质的管理人员，这些管理人员将在领导公司业绩向更高水平过渡中发挥重大作用。

过程创新是否会遥不可及

对于大多数管理评估和识别市场的官方指定实体来说，这一切经证明是遥不可及的。在英国，授权进行正式认证并对这些项目创始发起人授予权利的争执从未成为现实，尽管当今世界范围内很多机构均有培养这些过程的想法。有些已转化为妥协性版本，如混合式学习，所有较好的妥协方案只能满足工作场所环境中有限数量的利益相关者的期望。

识别方面的设计采用挑战、动态实时管理学习中的高质量设计评估及识别均做保留，并由于过多教育及科技驱动的电子学习的实践而恶化。实现正式和实时业务的需求激发了项目和组织需求相匹配，且间断终身学习的动力仍然在过程学习管理中面临着创新挑战，也给相似制度基础设施带来了挑战。

意识到终身学习范式形成和总结过程管理所急需创新存在的障碍是很重要的。假设监管机构承诺立即改变历史悠久的商业模式实践，对这些已授予资格的机构形成市场，这种想法未免过于天真。

学习过程创新管理观点

开拓精神及终身学习过程设计和管理创新的需求已经非常清晰，并且没有消失。当前工作状态表明全球互联环境正在加速并提升公司激励过程创新，且很多国家采用了工作本位解决方案。通常很多创新发展和使用地区需要进行认真考虑，如果重要的世界级战略联盟将在未来成为现实，如图17.1维恩图解所示，绘制知识供应链中提供了议程以回顾这些挑战，其要求在组织和机构背景下进行重要发展创新。

公共和私营部门组织及其供应商、客户、大学和商业学校及专家顾问之间的变更关系映射日程显示，对于那些希望拥有更多共享关系的当事人，工作激发学习过程管理必须从零碎的干预方式进行。学习过程创新采用已在文化上融入管理方式，如同其在财务管理纪律中一样熟悉或存在，并渗透各处。

为了创造一种要求思维定式的普适环境，该思维定式认识到全球学习管理挑战不断升级的竞争性质。2008年下半年，在世界市场中盛行的财政和经济状况说明了全球经济是如何相互依存和一体化的。

生态和技术主题网络及欧洲职业培训发展中心，对于欧洲非正式学习的验证均说明了欧洲的反应状态，并确定了修改、审查和创新学习过程的需要，其将给终身学习过程设计和发展投资带来世界级的高回报，也将为每个公司及机构再塑未来过程设计提供发展框架。

每个机构通过学习过程创新达到世界级学习管理绩效，已成为公司的目标。

不仅能在本地进行创新，也可尽量保证这些过程足够灵活，以能够在国家和机构后台验证系统进行识别，这种能力在竞争日益激烈的当今显得尤为重要。

动态学习管理——确定过程设计参数

在终身工作激发学习领域中，标准评估环境及达成的学习成果质量，识别对于学术验证系统使用的方法大不相同。机构不会经常留意其在学习目标和成就及新的学习过程需要方面的商业目标，且学习情境转换需要相当多的技巧。挑战是制定业务战略目标并进行说明，以为投资组合层次、内部终身学习方案层次及外部方案匹配层次上的学习方案设计提供形状参数。

图17.1中的情境阵列模型说明了关于方案概念设计发展中，学习过程设计纲要的设计元素范围。情境框架中的每个成员均对学习课程设计、基础实施及详细学习活动映射具有不同的影响值。

这些均为对身份认同和学习过程设计参数应用的主要影响，所有这些参数均在一定程度上影响了学习者的参与动机、学习过程本身质量及其感知到的益处。

如果从一开始便对关键影响因素及其对学习过程有效性及价值做出贡献的专业知识发展达成一致，将企业抱负转化为学习活动会变得更加容易。此时的风险对课程开发总体计划的前进之路进行了设计，对不可能以指定方式发生的事件强加极权主义秩序是徒劳的。

动态学习管理规划是通过共享设计原则、逐段增长的动力和拥有学习经验的人员所进行的局部设计和改善，抛弃高度结构化的项目管理理念。

语境影响管理

终身课程发展领域从应用程序经验中获取案例，如图17.1所示。

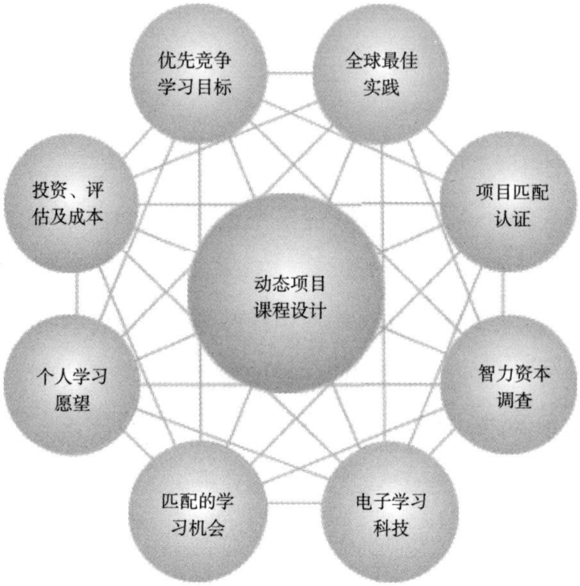

图17.1 语境设计影响数组

优先竞争学习目标

优先竞争学习目标的元素决定了对企业竞争力优势阐述的战略转型。经典的阐述可能有以下几种类型：

- 了解公司在各方面的基础资源储备能力；
- 把这些属性和核心技术结合起来；
- 培养丰富且有特色的技术和竞争力，形成巨大的成本优势，创造出无法复制的高价值产品，与其竞争品产生本质上的区别；
- 进入国际市场。

智力资本先导性测试

竞争优势阐述向连贯学习型管理战略转型的第一阶段，以智力资本先导性测试的方式完成，在此基础上形成的综合阐述涵盖了企业的实时学习环境、价值创造、工作体系和业务流程，展示了企业内部持续性需求导向的阶段创新过程。智力资本先导性测试能够识别多种同步项目进程、体系提升、最新技术运用以及用以实现可持续盈利的工具。

该测试包括对时下国际上在准备智力资本、收集企业无形资产质量表现因素相关证据方面尝试的观察结果。企业智力资本结构通常表现为以下几种形式：

◇ 以员工技能、员工产出、结构资本、信息技术治理、智力资产、企业文化、企业体系与相关进程等多种因素为表现形式的人力资本；
◇ 外部利益相关者的相关资本，包括与客户、供应商、公众、融资渠道等各方面的关系；
◇ 一套增值模型，须涉及习得知识、情报收集策略、研究与开发活动以及对这些过程的绩效度量和最终效力判断。

该调查从智力角度将已知事实和对应阶段综合起来，反映了已经习得的内容和保证下一阶段实际学习的进程。

从根本上说，企业层面的学习过程设计，必须与需要保持或达到的智力资本目标结合起来。与此同时，必须创造出可视性事业学习途径供各种程度的个体使用，巩固和提高对企业核心竞争力的市场资本投入，充分保证所有利益相关人的利益。

这套智力资本测试动力学转型成为连贯的学习型战略之后必须与正式、非正式的内部学习阶段相匹配，且应为匹配供给的外部项目投资提供综合基础。这也是企业层面学习管理以及终身进程设计的基础。

正确判断出这种现状和各方条件是转型进入精细型学习阶段的第一座里程碑。

优秀实践的前后影响

全球范围内的优秀实践离不开可靠的试验基础，往往具有国际视野、采用最先进的智力反馈系统和最完备的实践库存，从而掌握最有价值的资料与信息。

学习者的情景影响

关于个人学习愿望和匹配学习机会这两个因素，培训需求分析（TNA）应代表性地应用于部门、战略业务单元（SBU）或部门基础中。须额外考虑参与的制约因素包括个人或文化的本质、拥有实践空间学习、学习行为偏好、制度质量和先前经验。

总结回顾积极的动机因素，可以促使人们对工作更有兴趣，快乐指数更高，个人发展和就业能力更好，同时给家庭带来繁荣和保障，这些都可以更多激发人们的学习进取心，社区参与度以及更广泛的社会拓展的积极性。

其他常见的影响因素包括人口统计学、工作需求的学习必要性、改变人生的危机、致力于帮助提高家庭学习质量、勇往直前并给他人树立目标和想要在自愿和社区活动中扮演更有用的角色。先验经验学习认证（APEL）有助于这一设计考虑的进行。

启发学习的进阶式工作的机会情景至关重要。并不是所有的工作岗位都以导师和教练的身份，以及行政支持的形式提供进阶式发展学习的范围或支持性人员基础设施。这些安排须嵌入组织的终身学习氛围中。

同样重要的是，需要有一个学习过程技能和能力的评估系统，并且此系统与实时管理绩效直接相关。评估框架包括能够清晰表达和沟通的能力、选择和设计自身学习任务的能力、学习执行的技能、情景分析的质量和决策技能。

拥有选择、设计和执行自身质量学习任务的能力，是在有效的终身学习中必须实现的核心动力。学习者正有效地承担逐步设计微型学习课程的责任。

技术情景中电子学习的影响

人们越来越重视电子学习，这带来很多优势，同时也带来不少问题，即过程设计主导因素是否服从于科技创新，而不是引领个人或协作小组学习过程的创新。设计问题是“能在不损失相关方面利益的前提下，结合电子学习吗？例如学习相关性、实时学习过程管理质量、访问最新的部门课件、以自我为导向的个人学习技能、协作学习能力、学习情景鉴赏、在学习成就和成果的情景下失去意义的评估？”软件、支持技术的选择和应用的设计技巧变得越来越重要。

考虑在动力课程环境中哪些技术是合适的，如Web、电子性能支持系统、微博、邮件、QQ和其他聊天工具、论坛、搜索引擎、网络电话、软件使用和/或平板、社交、学习沟通网络、无线基础设施、虚拟学习环境、维基形式的资源和主题数据库等。它们构成了资源和电子工具的独特组合，这些资源和电子工具须补充并且不影响学习者的反思、评估和执行技能的发展。

匹配方案认证的影响

在动态终身学习管理课程设计过程中，重点是职业发展的方向和获得额外的工作能力，这将使个人获得更高层次的工作满意度或进入新的管理领域。职业是学习倾向的主要驱动力，特别是在参与者已拥有较高学历的情况下，组织性学习本身就是主要目标。

将基于商业的学习需要和制度供给相结合，本质上将其作为终身学习管理技能来学习。“我们不打算和恐龙结婚”，一位人力资源主管这样描述其公司的立场。

同时，外部资格有利于所参与学习者的付出和从方案及过程中衍生出来的价值，重要的是，不仅需要制定详细的方案纲要，而且需要详细地说明在适当的合同安排中关系的运作方式，这同样适用于客户/供应商关系类型。成功地参与度可以在一系列培训、教育、咨询、信息和支持服务中发展，这些服务在科学、技术、金融或工业领域都有共同点。共有知识的深度和大学及商学院人员参加客户的设计过程可以提高这个过程的质量和价值。

从优秀的商学院意识，到仅靠素质教育不足以教会管理人员在现实世界的商业场景中取得成功，这一战略关系领域中的创新正在加速推进。在日益紧密相连的世界和相关的工作经验中，全球视角的重要性是管理教育中必不可少的一部分，正蓄势待发。这给更深入的协同工作提供了机会。

按照这一趋势，一些主要的商学院正在重新调整其课程，以解决当今异常紧迫的多学科问题，这是传统的学术部门无法解决的。

投资增值和成本核算

投资增值和学习成本在最初的流程起草及其第一次改进中实现。由于权衡了所有相关影响效果和评估了学习者的付出时间，回报的可能性变得更加清晰，而且成功的终身学习商业模式也出现了。相关影响因素在形成和总结实时学习过程的设计决策中起着重要作用。

能够在特定的学习情形中设想潜在利益的好处，消除了财务效益评估问题的大量不确定性。与商务专业强化、生产效率的提高、市场渗透、增强功能能力或节约成本有着特定联系的结果，跟工作学习团体或个人有着直接联系，并为表彰和奖项提供基础。

结合过程优化的关键性影响

必须做出决定来说明在执行终身学习的过程中，八种相关影响中的每一种影响在定位和事件发生时的大小和作用。然而，关于学习过程正规化的程度和需要仍存在诸多问题，随着主体背景或待学习纪律、战术、功能、战略发展目标和设想的学习成就渐进序列的改变，这些可能在学习者的一生中会有所不同。

图17.2 说明了终身学习示范的不连续动态效应，显示了渐进式学习中广泛多样性的模式、短期密集爆发、更长周期和其他主动学习可变实例。

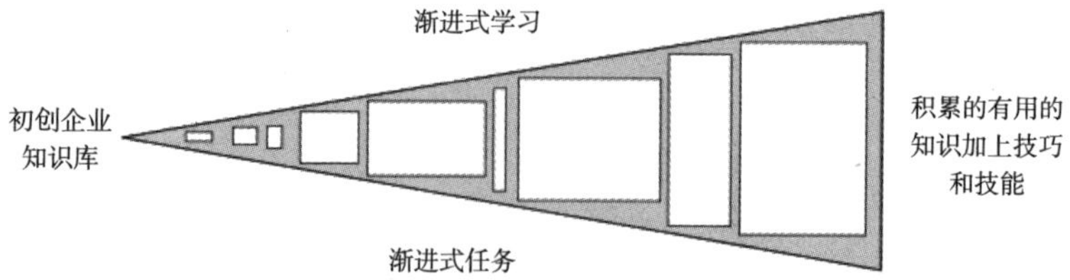

图17.2　终身学习中的不连续性管理

同时，过程设计的相关框架模型表现出复杂性、跨学科思考性和批判性思维技巧，学习过程的最终目的是建立人员和技术基础设施，为学习者及其社区提供高质量的实时动态学习体验。这包括自发现场学习支持机制，便携式全天候的小型、灵活和可转让的电子学习系统或绩效支持环境。这些是能够消除挫败感，并将连接的系统流引入终身学习环境的过程绩效驱动因素；它不是不连贯的事件，而是日常思考的一部分，可参照VEGA集团学习谱。

现在，对个人终身学习课程的全面过程设计方法的转变比以往任何时候都及时，《FEdS 公司的签名方案》表明了此类工具的可能性和有效性。

设计是创新的核心动力

当今时代要求员工必须设计和管理个人的学习，多些自我引导，少些顺从，因此他们有必要对老板和员工之间相互依赖性和影响其发展的因素的变化提出有见地的看法。学会管理个人学习和了解设计过程是员工必须掌握的一项重要技能。

实时学习设计已成为一门共享学科，但不要把它和教学设计相混淆。企业成功管理这些过程和体系所取得的明显成果，体现在更高质量地招聘和留住员工、更高水平的协作和合作以及更好地吸引和留住顾客。

对学习机会巧合性的高度意识和直觉反应是有待培养的技能，这非常有助于实现过程的有效性。终身学习过程也有助于识别有才之人。财政激励对员工影响最大。而在许多情况下，无形因素如企业的公众认知、公认专业性、发展前景、企业文化和工作环境风气或许会起决定性作用。

可以从过程演变和管理的各个层面预期收益：从通过概念设计和开发来起草过程设计简介，到设计方案的提交和通过。跨层级的过程交叉设计的引入，有助于理解组织的企业架构，以及学习如何激发企业文化内在的巨大能量。

全方位认识终身学习动力及其与其他员工学科、结构、关系和最终商业成功的联系，有助于明确个体学习者所做贡献的地位和重要性以及创建员工、组织单位和职能部门间的透明度和信心。虽然过程归功于学习的实施者，贯穿整个形成过程的设计团队创造的收益也是巨大的，他们有能力实现新的设计理念、提供有助于提升员工批判性思维的论坛和动员备受孤立的IT部门积极参与其中。

企业大学运营活动的核心动力，是正确成立过程管理团队和与学习社区打造良好关系。一个组织中的空白区域是最富成效的学习中心。终身学习过程设计和管理有助于消除存在于职能部门间，由破坏性的地盘之争引发的紧张局势。过程设计应具备终身学习管理能力的特性，具有开放性，这样才能实现自我调节以适应大环境变化和学习者不断变化的需求和想法。

上述开放、结构化或非结构化的过程确保每个想要参与的人都有机会，以及确保获得变革推动者和撼动者的支持。同时，这也确保整体时代观的确认或微调，由于其激励学习管理进行最佳实践，提高了对学习效果的认同度。

在BILD共联大会上提出的问题，引发企业对终身学习过程设计和管理在创新上面临挑战的深度反思，以及企业是否需要融入已有的教学认证程序和学习过程之中。

每家企业必须自己去寻求应对该挑战的方案，这样它们才能了解新思维的政策环境、紧急实践和何时将该设计应用于完善公司学习过程的方案。每个组织发现正确答案后，有助于防止学习者产生期待值和在脑海里树立无法实现的成果目标。

本章改编自之前发表的作品：理查德·迪尔特里. 组织终身学习课程的设计与管理[J].翡翠工作场所学习期刊，2009，21（2）。

参考文献

欧洲职业培训发展中心.欧洲非正规和非正式学习的验证.检索自：http://www.cadefop.europa.eu.

德马科，利斯特. 人物—富有成效的项目和团队[M].纽约：多塞特郡出版社，1999.

开发性能措施[R].英国特许人事发展协会人力资本小组报告，2007.

Ecotec主题网络小组.检索自：http://www.leonardo.org.uk.

日本工业标准委员会.用他们自己的话说，探索学习者对电子学习的看法.检索自：http://www.jisc.ac.uk.

日本工业标准委员会.电子投资组合的有效实践，支持21世纪学习.检索自：http://www.jisc.ac.uk.

日本工业标准委员会.时事通信.检索自：http://www.jisc.ac.uk.

朗赫斯特. D.数字技术及其对于实现教育抱负的作用.伦敦大学：教育学院，2008.检索自：ioe.ac.uk/.

VEGA-学习范围.检索自：http://www.vega-group.com.

第十八章

沿着知识产权的足迹赢得商誉

- 当前发展状况
- 特殊利益——商誉价值和知识产权
- 探索征程的映射
- 领域本质
- 探索“知识产权”轨迹
- 查阅轨迹图
- 使用罗盘校正
- 相关能力的配置
- 定位和测距
- 为人所熟知的发展轨迹——地位得到高度肯定

本章回顾了高级管理人员和管理团队的一些概念和想法，以便围绕公司内在价值的发展利用他们的思维和执行行动。从传统角度来说，这是被定义为“商誉”的无形资产，也是投资者越来越多地选择投资的对象。

当前发展状况

许多人正在开发新理论来解决人力资本与资源问题为组织带来商业利益和相应的价值。在很大程度上，这些是分析和诊断工具，可以在个人、组织或战略过程的层面上产生关于可转移价值状态的索引式衡量。

在重点强调的方面，工作目标始终并且继续有所不同。通过学习和实践提升价值，主要在从业者领域开展业务，并通过共同创造和动态交易流程扩展分析范围。

这是一个逐步展开的实时管理过程。它在企业的实时环境中实施知识产权发展战略；为公司管理者所有，并在日益前进的过程中建立最具价值的商业文化和环境。

特殊利益——商誉价值和知识产权

每个优秀的管理者都知道企业的市场价值与其管理质量直接相关。每天都会上演这种工作关系的例子，比如，由于任命了新的首席执行官或管理团队重组，而令公司的股票价值突然大幅上涨。

在商业资产基础或财务结构方面没有任何变化，但投资市场的决策者能够快速识别出这类人士给未来收益或公司增长潜力带来的特殊或“溢价率知识”和“动态学习能力”。这类人士具备了被定义为“商业知识产权储备”的东西。

多年来，这些价值变化动态始终具有吸引力，其目的是尝试更好地理解公司的知识产权，与其内在商誉市场价值之间存在的特殊关系。从这一理解基础出发，目的是设计一个流程，来管理通过公司知识供应链获得价值的主要驱动因素。

这是一个确保公司的知识开发重点在市场上产生最高回报的过程。

探索征程的映射

从20世纪90年代初商界企业学位课程的设计和交付背景出发，对企业大学概念进行了更为密切的研究，包括其在企业责任核心领域的全部潜力。值得注意的是，许多发展都侧重于培训和发展职能，并且没有像预期的那样扩展到更广泛的系统化组织发展干预措施范围。

从大量的进一步研究和经验中提取了“实时企业大学”的概念，其目的在于在所有业务运营中实现知识培养目标。1999年，首次出版了《企业大学蓝图》，这是最早开发的企业大学学习管理流程之一，其架构现已被私营和公共部门组织广泛应用于实时企业大学干预过程的设计和管理中。

这种架构定义了一种新的强大的学习管理模型，它将传统的企业培训和发展模式，以及学术教育模式中一些更好的链接项联系在一起，但更多的是它发展了新的业务主导型学习过程和知识收集系统，及时满足组织需求并关注结果。

人们很快就会发现，这种实时业务和管理发展的系统方法正处于管理层思考其综合重组计划的风口浪尖。

这种企业学习过程提供了一个精神框架，高层管理人员可以在其中揭示关键的综合重组问题并塑造新的决策环境。这是一个最具价值的战略契合挑战，只有通过管理层的知识领导力才能打开高质量洞察力的大门，这对于了解这一商业价值观的变化动态至关重要。

领域本质

多年来，与许多不同的客户一起探索了一个想法，即企业的内在价值可以更加恰当和专业地管理，并且它不应该只是在市场中发展的事物。

当然，与驱动公司“市场价值”的内在或“商誉”比例的动态的理解相比，从财务角度来定义公司的价值是一个相对成熟的学科。有些人会认为，内在价值反映了财务结构以及固定资产和净资产的质量，并且在任何商业潜力诊断中都与这些考虑因素密不可分。然而，有些人则认为，如果没有采用“持续经营”的会计视角，有形资产的价值会大打折扣。

“待遵循的软轨迹”将促使了解这些动态关系中的协同效应，并为高层管理人员提供关于他们如何管理业务，以最大化其内在市场价值潜力的新思想和精神框架。

强有力的持续关注视角可以及时推动这些关系的愿景，并开辟业务的实际利润和潜在价值应该和可能存在的未来情境。这种前瞻性思维与投资者对公司管理层的基本信心、公司技术状况、竞争趋势、预测可靠性、可行业务战略证据、风险评估等的许多无形价值驱动因素相关联。当然，利益相关者的投资政策和目标效应也要考虑到需求方面，范围从强调股价涨幅到资本增长目标。

当然，企业内在价值的表现受限于其管理控制之外的诸多影响，但这并不意味着高层管理人员不应该试图更深入地理解和管理集群动态，以通知和激发在证券市场实现的最终内在价值。

如果不是神秘莫测的，商誉价值肯定是难以捉摸的，但有一条可以追寻它的轨迹。

探索“知识产权”轨迹

经验促使其概念化，即所有能够促进商誉价值的人和组织动力被封装在一个密闭环境中，并被所谓的企业“知识产权”所驱动。

考虑公司的知识产权质量，其特点是：

- 管理层能够查看和管理有关愿景和使命的简单陈述；
- 他们接触和了解其业务的知识“目的”的能力；
- 确定他们的目标以及他们的工作结果；
- 了解维持知识目的的知识产权的性质；
- 促进能力的增长并引入新的能力来实现这一目标；
- 至关重要的是公司的知识发展实践与其基本目的相一致；
- 提供基础知识产权并在执行行动中启动所有结合这些推动因素的要素。

公司一直朝着这个方向发展：

- 就制药公司而言，它们的业务是“生活的挑战”；
- 另一家医药零售公司正在开展“福利”业务；
- 一家汽车制造公司提供“移动解决方案”来定义它们存在的理由。

这在思考它们几年前如何进行自我定义方面，实现了一个巨大飞跃。它表明了将影响未来商业战略的知识范式的巨大变化。

可以得出结论，为了与这一主题达成某种程度的相似度，应该从“公司的价值”不能假设与其“市场价值”相同的角度进行管理。

此外，关于内在价值管理的考虑事宜应基于所有业务部门管理者的高质量知识观点的实现，这是通过提高思想领导的质量而达成的。对这个主题的探索既是一种生理、情感和智力的旅程，也有人会说它本质上也是一场精神的旅程。

从这些前提条件出发，目标是建立一种方法，以发展管理商业价值增长方面的知识目的和能力。

“赢得商誉的过程”被认为就像一场荒野之旅，为了取得成功，猎人需要至少拥有一张基本“地图”、一个“指南针”、狩猎“技能和能力”组合以及一个“目标和测距”装置。

请在轨迹上标明这些要求。

查阅轨迹图

图18.1显示该领域是由四个峰值区域进行定义。每个峰值都定义了知识开发供给的领域。这些活动在人力资源管理方面已成熟，在某种程度上有助于企业的福利计划。不太清楚的是，应该花费多少资源和多少时间来探索这些发展领域。

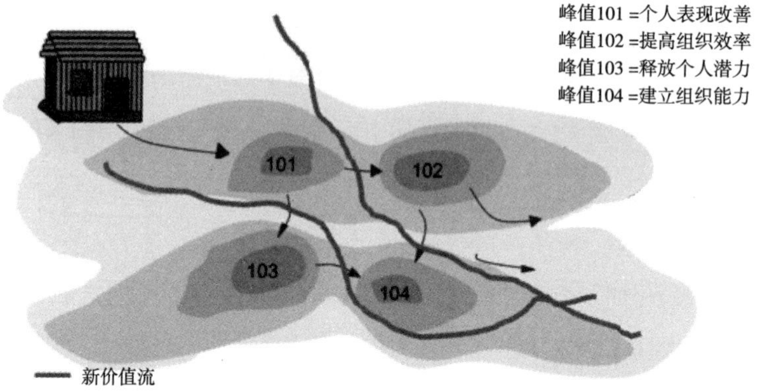

图18.1　沿着轨迹的四个峰值：效率和能力的战略管理

随着个人表现和组织效率途径的改善，并且在不考虑其他因素的情况下，可能会改善“当前业务运营”和短期利润流。这对于那些寻求短期股息流的投资者而言是一种良好趋势，但如果没有释放个人潜力和建立组织能力增长和资本收益的规定，投资者不会认为这是一个有吸引力的投资机会。

相反，在目前没有短期成果表现的情况下，过度强调后者会导致永久性的“空头支票综合征”即长期无法兑现的现象。

除非管理层对其知识目的和相关战略属性有清晰的认识，否则这些投资不仅不会以公司市场价值的形式表现出来，实际上它们很可能会挫败公司能力并影响关键人才库的驱动和留住措施。

关键的战略决策是将这些领域的正式和非正式发展供给，与不断变化的环境情势和适应性的业务需求联系起来，因为它会推动并沿着足迹前进。

沿着足迹的前几个探索步骤表明需要协商和平衡选择方向，以发展这些重要的内在价值联系。

使用罗盘校正

在沿着这条路线前行的阶段，可以及时查看指南针以检查地图的方向（见图18.2）。

指南针的四个要点：良好秩序、合作、自由智慧和企业，通过可以管理的性能和开发能力，显示出截然不同的方向和组织环境。但哪些是适当的？哪些是目前正在使用的？

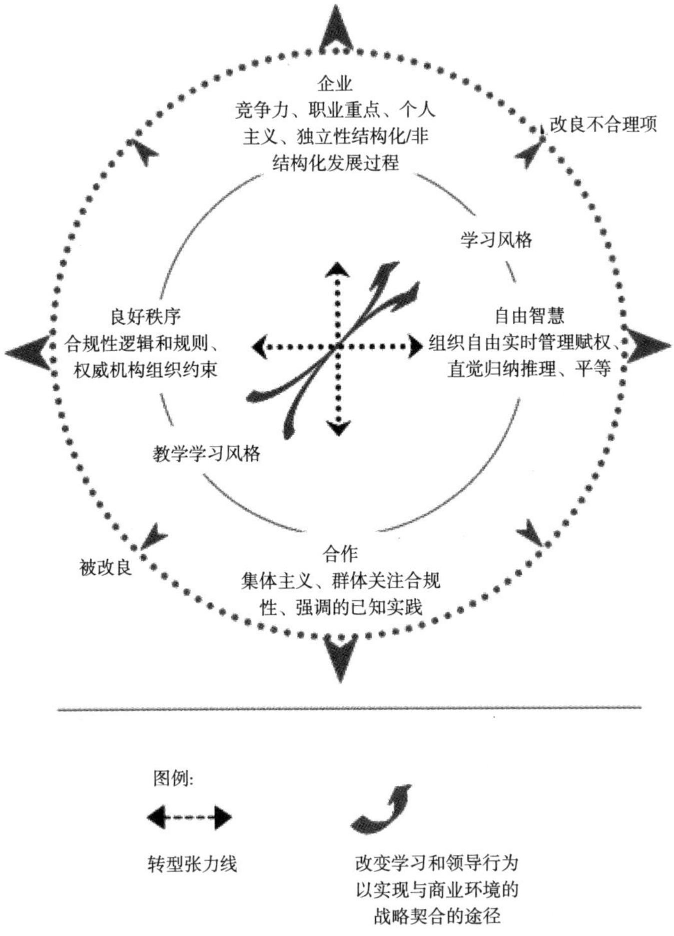

图18.2　改变学习和领导行为的途径

罗盘针正在向能力、企业学习和领导行为的新极化方向发展。它受到商业环境变化的动力驱动，需要进行轴向转变。管理风格、行为和响应与当前新兴的竞争威胁和机会的特征不同步，没有什么意义。

随着企业从机械化机制转向实时有机发展范式，提出了公司行为和战略流程是否走上正轨的问题。

你的客户会知道这一点，你的竞争对手也会知道这一点。当然，你的利益相关者将根据你的知识响应水平做出自己的决定，从而从战略角度来适应商业环境。

对当前管理方法的这种审查，有助于实现知识产权线索图的一种强有力的重新定位，并为其增加了一个方向性的视角。因此，现在继续考虑进一步沿着轨迹前进的能力和适用性。

相关能力的配置

越来越多的软管理干预措施或工具集可能会使探险取得圆满成功。他们中的许多人声称通过鼓励领导者，获得更高水平的成就和在组织中激发智力能力，通过学习发挥创造潜力的奇迹。与客户合作和实地研究表明，许多这些概念都是鼓舞人心的，但是当谈到将这个想法转化为实际的干预平台时，如果不具破坏性，则结果是适度的。

表18.1描述了一些被用作干预平台的不同思维学派。

表18.1 思维学派

SDS —— 自我导向型学派	VUS —— 虚拟大学学派
PFS ——以计划为重点的学派	KMS ——知识管理学派
PDS ——平台开发学派	RTS ——实时管理学派
ILS —— 全包学习型学派	ICS ——知识资本学派
CPD —— 继续职业发展学派	BES ——企业环境学派
QS —— 资格认证学派	SBS ——战略业务学派
AS ——学院派	GS —— 全局学派
	PS —— 声誉学派

每个人都有自己特定的福利制度，但这些思维学派的哪些组合将体现公司实现目标，并实现知识目的的知识产权和能力？

采用企业大学的概念作为配置模型，识别并捕获这些基本属性。图18.3说明了选项和选择模式，它们有助于定制选择每家公司的首选知识能力的流程，并不断参考线索图和罗盘指示方向。

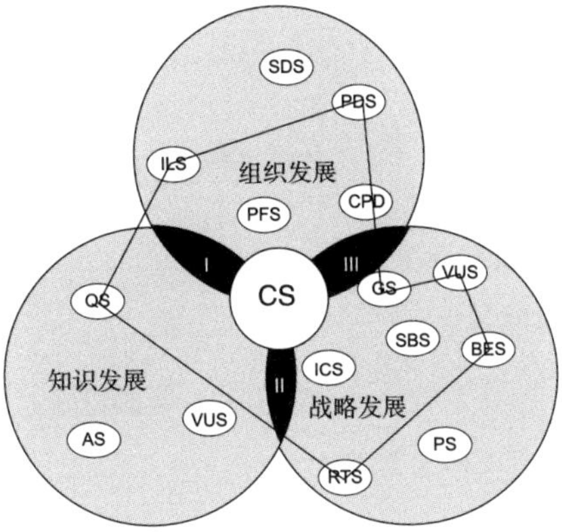

图18.3　按照思维学派确定知识发展领域

定位和测距

在这段旅程中，确保沿着正确的方向前进，选择并开发正确的功能和属性，以充分利用资源并完成旅程。现在，要做的就是找到目标区域，以确保所有这些位置良好的动态可以集中在价值目标区域的靶心。

但是，前行的路上有一个分水岭。前方有两个目标区域：一个是“公司价值”，另一个是“公司市场价值”，它们相隔一段距离！

观察这两个目标区域的主要结构差异：“公司价值”是公司目标区域的经营理念，“公司市场价值”是投资者关于目标区域的理念。

但最后通过耐心，坚持沿着蜿蜒曲折的道路前进，可以追踪难以捉摸的、具有内在价值的肥沃牧场，并通过开发“定位和测距”机制来处理这些差异。

图18.4建立了这些价值差异、价值目标区域及其发生方式的指标，是一个复杂的模型，涉及内部和外部表现评估的结合。

两个外部结构A–A用于处理公司的市场价值，并从投资者的估值角度推断得出。根据金融分析师和经纪人访谈可以知晓它们是定量和定性的。处理公司感知价值的两个内部结构a–a是来自使用实时诊断清单的评估，该诊断清单调查了所采用轨迹的供给情况和结果；该评估解释了公司当前与其知识目的相关的知识实践取向。

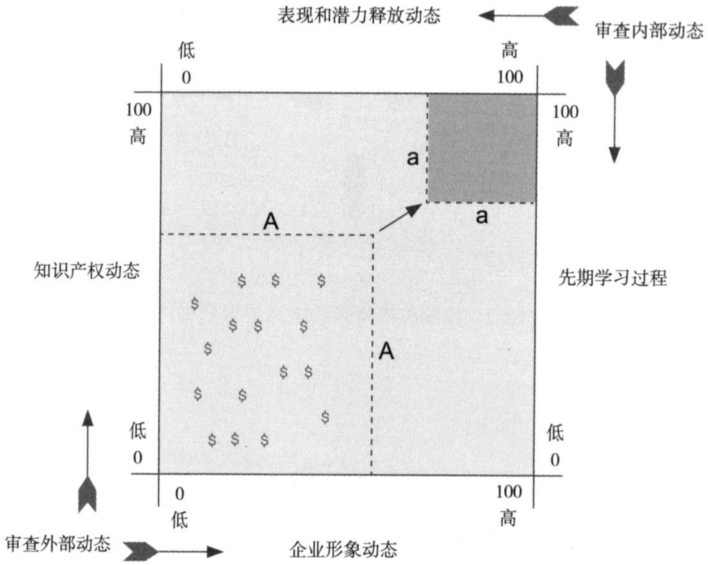

图18.4　战略差距分析：知识实践与知识目的

这是一个大型判断性工具集，在唤醒高层管理人员对内在价值管理过程的认知方面非常有效。价值和市场价值目标区域的差异通过知识产权向量表示。该向量说明了外部与内部关系的变化方向和规模，应设法管理，以便将公司价值作为潜在价值释放到被低估的市场价值中。

在其他案例中，对图18.4所示的四种结构的评估表明，对企业在市场中的估值过高，而且知识产权实践并不支持市场估值中给定的商誉水平。在这种情况下，知识产权向量指向与图18.4所示方向相反，说明企业的知识发展战略需要得到快速且具有补救性的关注，以维持估价过高的外部价值观，因为这一缺陷迟早会暴露在公司财务收益方面，并在股价交易中具有相应的不利影响。

为人所熟知的发展轨迹——地位得到高度肯定

这种围绕市场资本化内在要素增强知识产权的方法是一个学习过程的轨迹。该过程的基础是内部开发应该高度且持续地适应，并且始终是对企业市场资本化动态的补充。在这种情况下，战略本身并不是人们常常认识到的那样，而是两组内部和外部动态之间的桥梁和转换机制。

在该内在价值管理主体的任何一点上，要经常意识到它对这些关系的有效管理的至关重要性。管理这种学习过程本质上是有问题的，因为如果要实现如此强大的组织和企业流动状态，那它必须在投资者的期望和企业管理层在多个层面上的愿望之间实现平衡。

通过这种知识产权管理手段，高级管理人员有机会提高他们对实现目标的认知以及实现目标必须采取的措施。

解决影响成功增值策略的关键取向问题

知识产权轨迹可能是非常动荡的，使管理人员的跟踪技能不断受到考验。这具有实时效果，并强调在处理不断变化的问题时需要更大的自发性。

在激进主义方面，为了增加成功的可能性，公司只需要管理价值演变的三个主要过程线索，以实现世界级的卓越绩效。

第一条线索是：

- 参与一个共同的过程心理，明确区分其主要动态。

第二条线索是：

- 拥有一种固有的构想机制，管理者可以通过这种机制来感知可能的结果。

第三条线索是：

- 这个过程应该为企业的“文化建筑师”提供机会，使他们能够从内部和外部角度提高企业的知识产权配置。

所描述的过程捕捉了管理者的想象力，并且当它得到实时企业大学教师的支持时，就有可能激发并给所有这些能力线索带来新的高度，从而产生更高的企业学习标准、每个业务丰富阶段的优质知识共享和战术竞争力。

所以，好好地追寻知识产权的发展轨迹吧！

本章改编自以前发表的作品：理查德·迪尔特里. 沿着知识产权的足迹赢得商誉[M]. 伯明翰：DSA出版社，2004。

结　论

变革管理流程

本书描述了在实时维度中出现渐进式新思维的机会，有助于高层管理人员及其执行管理者，在他们企业大学专业的思维中获取新的研究范畴和发展见解。这是针对所有人的知识挑战：一个新的持续变更过程。你可以看到，在很多组织中，这个主题非常活跃，而且规模越来越大。使用“企业大学”或“学院”等概念对所有员工有着广泛的影响。它有可能在整个组织中提供经过深思熟虑的结果，并持续地与业务环境和实际客户群不断变化的需求相关联。最重要的变化和创新是由外界驱动的，但取决于你在这个世界环境中所处的位置，还有其他一些重要的内部变更驱动因素。

当前的系统化变更是不可避免的，不论它们出现在何处或来自哪里。让你的员工不必纠结于此，应该认识到新的实时流程和新的工作方式必然会成为每个人日常生活的一部分。在各级组织中，该等知识承诺的所有权是引入企业系统思维所产生的一大益处。它针对所有参与者，并形成新的视野。

系统性流程挑战

通常解决方案不是系统性的，而是在灵活的组织学科中进行零碎整理。这是一个需要克服的主要操作问题，它是早期学习实践遗留下来的问题，因此你必须实时过渡到综合学科思维。这需要在具有跨学科思维的组织文化中向前迈出一大步，以便在这些过程中获得所有社会、政治、环境、法律和技术因素的正确解决方案。

认识到集团形成、调整阶段、规范和执行所产生的实时学习动态，使你的解决方案在组织中得以实施，并为实时专业团队的发展、如何以及何时在工作场所完成该过程、创建系统化流程管理方面的重大发展和每个人的积极前景做好准备。

在哪里开始你的首次应用是一个非常真实的挑战。你不能一次性做完所有事情或一次性资助一切。因此，你必须谨慎选择集团或子公司的活动以获得最佳利益和结果。你的动机如下所述：你需要做出正确的决定，了解真正的发展需求，而不是寻求最舒适的，或是你可能终止循环利用过去的决定。昨天已过去，你需要展望未来，以最简单的形式考虑你的每项开发决策。你属于专业价值管理领域，你身处真正的管理领导竞技场中！想想你的蓝图行动小组及其领导力，这是整个过程的关键，应确保将其正确地介绍给所有参与者。

智力资本管理

没有什么比“未来”更快的日期。如果你在业务期间投入使用，你会发现许多变化严重影响了公司的价值。它是企业寿命和最终竞技中不可或缺的组成部分，受到很多人的影响，要努力深入了解业务流程如何为公司增加价值。

对于任何主要的业务发展，我们都需要一些科学和商业指导——然后让争论变得激烈。在专业的企业大学干预的情况下，你需要了解是什么创造价值潜力，这样你才能认识到企业大学干预过程中的哪些因素将有助于最大化工作和公司市场价值。除了财务报表，你还必须了解其市场状况、竞争态势以及业务发展趋势（是增长还是下滑）、利润稳定性以及未来交易潜力。

蓝图基础架构是你未来发展的推动力，它连接整个组织的人员并使他们参与所有企业大学项目，从而帮助你定位业务，以实现实时行动和增长。它有助于通过对关键实时开发计划的清晰思考来促进你的创新理念。它还可以帮助你深入了解当前和未来的机遇、预测新学习需求并不断增长你的专业知识，而这些只有通过与组织中所有其他部分的人员联系和合作才能实现。

致敬

理查德·迪尔特里

插图目录

第二章

第四章

第六章

第七章

第八章

第九章

第十一章

第十二章

第十三章

第十四章

第十五章

第十六章

第十七章

第十八章

表格目录

第二章

第三章

第四章

第六章

第七章

第八章

第九章

第十章

第十三章

第十八章